Karl Valentin
Immer die Erotik von den Weibern

PIPER

Zu diesem Buch

»Ich bin kein direkter Rüpel, aber die Brennnessel unter den Liebesblumen.« So beschreibt Karl Valentin, der begnadete deutsche
Komiker, sich selbst. Denn Valentin ist unentschlossen, was die
Frauen angeht. Immer wieder ist er verzaubert von ihnen, dann
wieder kann er sich nur über sie aufregen. Und so wechseln sich
herzzerreißende Liebesschwüre mit bitterbösen Schimpftiraden ab.
Herausgeber Gunter Fette hat die besten Texte zum Thema *Karl
Valentin und die Frauen* in diesem Band zusammengestellt. Absolut
lesenswert und urkomisch.

Karl Valentin, geboren am 4. Juni 1882 in München, hatte nach
dem Besuch einer Variétéschule 1908 erste öffentliche Erfolge mit
selbstverfassten Monologen und Couplets. 1911 heiratete Valentin
die Mutter seiner zwei Töchter, Gisela Royes. Gleichzeitig lernte er
aber Elisabeth Wellano kennen, in die er sich verliebte und die
dann als Liesl Karlstadt in München seine kongeniale Bühnenpartnerin wurde. Bald gastierten die beiden mit großem Erfolg in ganz
Deutschland, Österreich und der Schweiz. Während des Krieges
trat Valentin nicht mehr öffentlich auf. Er starb am 9. Februar
1948, einem Rosenmontag.

Gunter Fette, geboren 1941, arbeitet als Rechtsanwalt in München
und verwaltet seit 1970 im Auftrag der Erben den Nachlass von
Karl Valentin. Darüber hinaus hat er Buchbeiträge über den Künstler veröffentlicht, eine Ausstellung über Aufführungen seiner Wer-
ke auf den Bühnen in aller Welt konzipiert und unter dem Titel
»Karl Valentin im Besonderen« eine CD-Edition mit Originalauf-
nahmen von Karl Valentin und Liesl Karlstadt herausgegeben. Dieses Buch ist der dritte Band der von ihm mit »Gar ned krank is a
ned g'sund« und »Arschlings heißt von hintenherwärts« begonne-
nen Themen-Buchreihe zu Karl Valentin.

Karl Valentin

IMMER DIE EROTIK
VON DEN WEIBERN

Liebesklamauk und andere Herzensangelegenheiten

Herausgegeben von Gunter Fette
Mit zahlreichen Abbildungen

PIPER
München Berlin Zürich

Mehr über unsere Autoren und Bücher:
www.piper.de
Aktuelle Neuigkeiten finden Sie auch auf Facebook, Twitter und YouTube.

Von Karl Valentin liegen im Piper Verlag vor:

Das Beste von Karl Valentin

Mein komisches Wörterbuch

Der große Karl Valentin

Gar ned krank is a ned g'sund

Arschlings heißt von hintenherwärts

Immer die Erotik von den Weibern

MIX
Papier aus verantwor-
tungsvollen Quellen
FSC® C083411

Originalausgabe
März 2016
© Piper Verlag GmbH, München/Berlin 2016
Umschlaggestaltung: semper smile, München
Umschlagabbildung: Karl Valentin Erben, Rechtsanwalt Gunter Fette
Satz: Kösel Media GmbH, Krugzell
Gesetzt aus der Adobe Garamond
Druck und Bindung: CPI books GmbH, Leck
Printed in Germany   ISBN 978-3-492-30829-8

Inhalt

IV. Alles Mögliche

V. Gedichte und Briefe an Liesl Karlstadt

Eine Einführung zu »Karl Valentin und die Frauen«
von Gunter Fette

Karl Valentins Verhältnis zu den Frauen ist durch vielfache Widersprüche gekennzeichnet – und von einer großen Dramatik.

Dass Karl Valentin der »holden Weiblichkeit« durchaus zugetan war, hat er schon ziemlich früh gezeigt, als er sich mit 17 Jahren in das junge hübsche Dienstmädchen seiner Eltern verliebt hat, was dann nicht ohne Folgen blieb: 1905, als Karl Valentin 23 Jahre war, kam die Tochter Gisela und im Jahr 1910 die zweite Tochter Bertl zur Welt. Dass diese Beziehung auf eine tiefe Liebe gegründet war, belegt ein Gedicht, das Karl Valentin als 20-jähriger an jene Gisela Royes im Hause seiner Eltern gerichtet hatte. Auf mit Vergissmeinnicht umrankten Briefbogen beschwor er ihre erste gemeinsame Liebe als die glücklichste und weiter:

> *»Wenn wir traumverloren saßen,*
> *so auf laubumschlung'ner Bank*
> *und an Deinen süßen Lippen*
> *ich den Weg zur Liebe fand!*
> *Und du sahst mir in die Augen,*
> *sprachst dabei »ich liebe Dich!«*
> *O dieses Wörtlein bleibt bewahret*
> *in meinem Herzen ewiglich.*

und sollten wir mal scheiden müssen
und brechen unsere Liebelei,
so ist mein größtes Glück auf Erden
und meine Lebenslust vorbei.«

(So berichtet Alfons Schweiggert in seinem Buch »Karl Valentin und die Frauen«).

Als Karl Valentin dann 1911 auf der Bühne die junge Soubrette Elisabeth Wellano entdeckt und ihr eine künstlerische Zusammenarbeit anbietet, hat er sich allerdings auch gleich in sie verliebt. Heiraten tut er aber – zur gleichen Zeit – die Mutter seiner beiden Töchter. Als er dies der anfänglich seinem Liebeswerben widerstrebenden, schließlich aber auch ihrerseits in Liebe zu ihm entflammenden Elisabeth lapidar auf den Kopf zu sagt, ist das ein Schock für sie. Die intensive Beziehung Karl Valentins zu der »geliebten Lisi«, die nun als »Liesl Karlstadt« seine Bühnenpartnerin wird, setzt sich jedoch fort. So gibt es im Leben Karl Valentins nun zwei Frauen nebeneinander, die beide gleichermaßen unentbehrlich, ja lebensnotwendig für ihn sind und bleiben. In dieser Situation mit den beiden Frauen und zwischen ihnen die Balance zu halten, erforderte von allen Beteiligten wohl übermenschliches Verständnis und Einfühlungsvermögen, was Karl Valentin allerdings manchmal wohl abging. So etwa, als er seiner Ehefrau ansinnt, die Kostüme für seine Bühnenpartnerin zu schneidern und »das Fräulein«, wie er Liesl Karlstadt in der Öffentlichkeit immer nannte, zum Maßnehmen zu sich nach Hause kommen ließ. Dann krachte es eben doch manchmal ganz gehörig. Als die beiden Frauen einmal in aller Öffentlichkeit aneinander geraten, ist es Karl Valentin selbst peinlich und um die Situation zu retten, erklärt er den Passanten, die die handgreifliche Szene neugierig verfolgen, kurzerhand, dass es sich um Proben für Filmaufnahmen handelt. Als Liesl Karlstadt schließlich erkennt, dass Karl Valentin niemals für sie seine Familie aufgeben wird und sie sich auf Liebesbeziehungen zu anderen Männer einlässt, insbesondere zu Josef Kolb, mit dem sie sich dann auch verlobt, tut Karl Valentin alles, um dies zu verhindern – und ist tief gekränkt. Dies hindert ihn allerdings nicht, sich seinerseits – neben den dauerhaften Beziehungen zu seiner Ehefrau und Liesl Karlstadt – immer wieder auf mehr oder weniger intensive Affären mit weiteren Frauen einzulassen.

Karl Valentin behandelt Liesl Karlstadt nicht selten auch richtig grob und rücksichtslos, um ihr andererseits aber herzzerreißende Liebesbriefe zu schreiben und für sie den Mond und die Sterne anzusingen. So etwa in einem Brief vom 16. 08. 1915 »Meiner heißgeliebten kleinen Lisi« mit dem Gedicht

»Die Dämmerung sinkt hernieder
vom hohen Himmelsraum
und hüllt die Erde wieder
in einen süßen Traum
leis flüstert in ihr Schweigen
ein Lied vom Himmelszelt
Du bist mein Glück, mein Eigen
mein Himmel, meine Welt.

Es glüh'n die gold'nen Sterne
in wunderbarer Kraft

und schauen aus der Ferne
gar innig durch die Nacht
und ihre Köpfchen neigen
die Blumen auf dem Feld
Du bist mein Glück, mein Eigen
mein Himmel, meine Welt.

Mir ist als ob mich grüßte
aus sternenklaren Höh'n
und wundersam mich küsste
Dein Bildnis zauberschön
Im Traum seh' ich Dich neigen
die Augen glanzerhellt
Du bist mein Glück, mein Eigen
mein Himmel, meine Welt.«

Zwanzig Jahre später schreibt Karl Valentin am 2. 10. 1935 immer noch an »meine liebe liebe Li«

»Wie sehr Du mit nicht ans, sondern ins Herz gewachsen bist, wirst Du wohl nie erfassen können. Ohne Dir ist die Welt für mich völlig inhaltlos.«

Die Briefe setzen sich fort an »Meine liebe liebe Li«, »Liebe gute einzige Liesi«, »Liebe, Liebe LiLiLi« (1936). Ab ca. 1938 wird daraus dann zwar die »Liebe Liesi«, nachdem es nun doch zu einem gewissen Bruch zwischen dem Liebes- und Bühnenpaar gekommen ist und Karl Valentin nimmt sich eine neue Bühnenpartnerin, Annemarie Fischer, mit der er natürlich auch ein intensives und einige Jahre dauerndes Liebesverhältnis beginnt. Aber der letzte schriftliche Gruß, den Karl Valentin – wohl schon in der

Vorahnung seines baldigen Todes – an Liesl Karlstadt geschrieben hat, ist dann wieder eine Liebeserklärung aus tiefster Seele, wie sie am Ende des Kapitels zu Liesl Karlstadt abgedruckt ist.

Wenn Karl Valentin in einer 1943 entstandenen Notiz über sein Verhältnis zu Frauen geschrieben hat

»Ich bin ein Mensch, der allen Liebesklamauk, wie Eifersucht, Bocken, Liebesschwüre usw. nicht verträgt, weder bei der Frau noch bei einer Freundin. Ich bin als Vorstadtpflanze aufgewachsen und als Gentleman den Frauen gegenüber in hinterster Reihe gestanden … Ich bin kein direkter Rüpel, aber die Brennnessel unter den Liebesblumen.«

so mag dies im Allgemeinen für seinen Umgang mit Frauen stimmen. Auf seine Beziehung zu Liesl Karlstadt trifft diese Beschreibung aber sicher nicht zu.

Dies alles beschreibt aber nur das persönliche, private intime Verhältnis Karl Valentins zu den Frauen. In seinen Texten, Auftritten und Filmen bringt er dagegen ein durchweg negatives Frauenbild, vor allem bei Ehefrauen und der Institution der Ehe überhaupt, zum Ausdruck. Seine Darstellungen dazu sind manchmal geradezu bösartig. So antwortet z. B. im Film »Beim Nervenarzt« (1936) der Patient auf die Frage des Arztes, ob er sonstwie leidend sei: »Jawohl, verheiratet«. In dem Dialog über einen Hausverkauf gibt der Hausbesitzer auf die Frage des Kaufinteressenten, ob Ungeziefer im Haus sei, die Antwort: »Nein ich bin noch Junggeselle«. Hochzeiten werden von ihm als »sonstige Unglücksfälle« apostrophiert. In seinem Text

»Der zufriedene Ehemann« von 1911 lässt er den Mann seine Ehefrau nach 13 Ehejahren auf das Übelste beschimpfen

> *»Sie, des war früher mal ein nettes Mädel*
> *jetzt ein Wauwau*
> *jetzt ein Wauwau*
> *schön ist sie nicht, des kann ich nicht grad sagen*
> *aber saudumm*
> *des alte Trumm«*

und es endet mit der resignierenden Erklärung des Ehemanns

> *»Drum bleib'n wir halt bei'nander*
> *Sie ist doch a guate Sau.«*

Zu dieser Zeit dauerte übrigens die Beziehung Karl Valentins zu seiner nun angetrauten Ehefrau auch gerade 13 Jahre!

Im »Ritter Unkenstein« reagierte Recke Heinrich auf den Hinweis, dass seine Frau doch schon zehn Jahre tot ist, erstaunt, dass sie ihm nichts davon gesagt hat und er hat nun die Erklärung, warum er sie so lange nicht gesehen hat. Vermisst hat er sie in diesen zehn Jahren offensichtlich nicht.

Bei der Suche des Ehemanns nach der verlegten Brille redet die Ehefrau »nur saudumm daher«. Das tun die Frauen bei Karl Valentin in den Dialogen überhaupt meistens »mit ihrem saudummen Kopf« bis hin zum Nerv tötenden Blödsinn. Während der Ehemann in »Der

Hasenbraten« ganz sachlich und logisch zwingend argumentiert, dass er eine zu heiße Suppe nicht essen kann und den völlig normalen Wunsch äußert, von seiner Frau eine Suppe serviert zu bekommen, die nicht zu heiß und nicht zu kalt ist, verheddert sich diese in ihrer Verteidigung völlig und will zum Schluss nur noch »auf und davon«.

Auch dass Frauen immer nicht wissen, was sie wollen, hat Karl Valentin in einer Dialogszene unter diesem Titel als typisch weibliche Eigenschaft festgehalten, an deren Wirrnis und Unlogik man als Mann nur verzweifeln kann. Frauen sind dementsprechend in seinen Dialogen nur »a blöd's Frauenzimmer«. Nur selten ist der Ehemann »ein Rindvieh«, wie im »Wiesnbummel« beim Lukashauen oder ein »saudummer Hanswurst« wie in der »Heirats-Annonce«, in der eine »einsame Witwe zum 2. Mal ihr Glück in der Ehe sucht«.

Auch die weibliche erotische Anziehungskraft wird von Karl Valentin nicht positiv dargestellt (obwohl er ihr in seinem privaten Leben durchaus oft verfallen ist, wie eingangs beschrieben).

Als am Schluss des Films »Donner, Blitz und Sonnenschein« die Ehefrau von ihrem Mann einen Kuss haben will, weil doch nun alles gut ausgegangen ist, mault dieser nur missmutig vor sich hin »immer die Erotik von den Weibern«.

Auch die weibliche Eitelkeit um ihre Schönheit kommentiert Karl Valentin mit einer bösen Satire auf die alte Mutter, die ihren verlorenen letzten Zahn bitter beweint und lässt den Sohn dazu sagen, dass sie mit ihren fast 80 Jahren »jetzt endlich aufhören sollt mit ihrer verfluchten Eitelkeit!« In dem in der Nachkriegszeit entstandenen Dialog »Das Nichts« meint Karl Valentin zu der von der Frau beklagten Situation, dass man aufgrund der Stromknappheit im Schlafzimmer kein Licht brennen darf und deshalb der junge Ehemann von seiner schönen jungen Frau gar nichts hat, weil er sie nicht anschauen kann, nur lapidar, dass er dann ja auch eine hässliche heiraten kann, weil in der Finsternis ja »alle Kühe schwarz sind«.

Wenn Karl Valentin in »Teppichklopfen« zwei Weibspersonen im Stiegenhaus mit übelsten Beschimpfungen (»du Drecksau, du dreckerte«) über sich herfallen und sich gegenseitig die Haare ausreißen lässt, so zeugt auch dies nicht gerade von einem freundlichen Frauenbild.

Die Ehe selbst lässt Karl Valentin von seinen Ehemännern nur als eine leidvolle, höchst lästige Bindung und Einschränkung der männlichen Freiheit darstellen. Auf die weibliche Reklamation gegenüber den Mannsbildern, dass sie zwar Liebe wollen, aber nicht heiraten, lässt Karl Valentin den Bürgermeister in dem Film »Donner, Blitz und Sonnenschein« antworten: »Das ist ja das Schöne an der Liebe: wenn's einen nicht mehr freut, kann man aufhören. Aber verheiratet – das bleibt.« Im »Wiesnbummel« ist der verheiratete Benedikt, der von seiner Ehefrau nicht ins Hippodrom gelassen wird, wo er junge Madln mit schönen Wadln sehen wollte, ganz neidisch auf den Fesselballon, der ihm auskommt und nun wieder frei ist. Das 'chnürl, das ihn festgehalten hat, ist durchtrennt und der verheiratete Benedikt vergleicht die Ehemänner mit kleinen Fesselballons, die durch ein Schnürl festgehalten werden – die Ehe. Dass die »Silberhochzeit« mit einer deftigen Schlägerei unter den Gästen endet mit der resignierenden Feststellung des Ehemanns, dass jedes Mal auf seiner Silberhochzeit gerauft wird, ist natürlich auch nicht gerade ein Loblied auf die Ehe.

In der Szene »Beim Taucher auf der Oktoberwiese«, wo Karl Valentin die Ehefrau ins Tauchbecken fallen lässt, lehnt der Ehemann das freundliche Angebot des Tauchers, sie gegen ein geringes Trinkgeld wieder herauszuholen, vehement ab und bietet ihm stattdessen hundert Mark, wenn er sie drin lässt. Zum Zeitpunkt dieser Aufnahmen im Jahr 1928 war Karl Valentin 17 Jahre verheiratet.

Die beste Darstellung seiner Sicht des Ehe-Alltags ist Karl Valentin aber wohl in der Bühnenszene »Der Theaterbesuch« gelungen, wo in gut 20 Minuten nahezu alle Widrigkeiten ehelicher Zweisamkeit dargeboten werden. Der unaufhörliche Streit über alles und jedes endet mit der verzweifelten Frage der Ehefrau, ob es wohl bei anderen Leuten auch so zugeht, worauf der Ehemann ohne Zögern die klare Antwort hat: »Genauso – die sag'n 's bloß ned«.

Karl Valentins Verhältnis zu den Frauen war also offensichtlich sehr zwiespältig: er hat Frauen inniglich geliebt und er hatte neben seinen festen Beziehungen zu seiner Ehefrau und zu Liesl Karlstadt zusätzliche Affären – und sie waren ihm verhasst. Er hat Frauen – lebensnotwendig – gebraucht als Stütze für alle Lebenslagen, wie in dem bekannten Bild der Fotografin Lotte Jacobi sinnbildlich festgehalten ist, wo sich Karl Valentin mit dem Ellenbogen auf dem Kopf von Liesl Karlstadt stützt (– was aber genauso auf seine Ehefrau zutraf –), aber er fühlte sich durch die Bindungen an eine Frau, insbesondere durch die Ehe, in seiner Freiheit eingeengt – und er wollte doch frei sein und davon fliegen können wie ein Luftballon, wollte »aufhören können, wenn's einen nicht mehr freut«. Und doch blieb er ein Leben lang – rund 50 Jahre – bei seiner Ehefrau und hätte sich niemals von ihr getrennt, obwohl sie ihm das wohl manchmal resignierend angeboten hat.

Karl Valentin war in seinem Verhältnis zu Frauen wohl lebenslang ein Zerrissener.

Alfons Schweiggert, der sich mit vielen Veröffentlichungen als ein profunder Kenner Karl Valentins ausgewiesen hat, kommt in seinem Buch »Karl Valentin und die Frauen« zu dem Resümee, dass die wichtigste Geliebte für Karl Valentin aber wahrscheinlich sein Publikum war. In seiner Zuwendung und Zustimmung fühlte er sich geborgen. Als ihm dies nach Kriegsende versagt wurde, sich sein Publikum von ihm abwandte und nichts mehr von ihm wissen und hören wollte, war ihm seine Lebensbasis verloren und Karl Valentin starb deshalb letztlich wohl an gebrochenem Herzen. Seine körperliche Erkrankung war nur ein Vorwand des Schicksals, wie der mit Karl Valentin eng befreundete Schriftsteller Ernst Hofrichter einst äußerte.

Gunter Fette, München 2015

Karl Valentin in seinem Theaterstück »An Bord«, 1930

I. Die Liebe

[Ich bin ein Mensch, …]

1943

Ich bin ein Mensch, der allem Liebesklamauk, wie Eifersucht, bocken, Liebesschwüren u. s. w … nicht verträgt,
weder bei der Frau, noch bei einer Freundin. Ich bin als
Vorstadtpflanze aufgewachsen und als Gentleman den
Frauen gegenüber in hinterster Reihe gestanden. Ich habe
auch nie Bildung mit dem Löffel gegessen, nur mit der
Messerspitze. Ich bin kein direkter Rüpel, aber die Brennes-
sel unter den Liebesblumen.

Motto: Was ein Häkchen werden will, krümmt sich bei
Zeiten, natürlich habe ich mich auch sofort gekrümmt, bis
heute und jetzt bin ich ein alter Haken, der sich unmöglich noch grad biegen lässt[.]

Und mutlos, wie eine Memme bin ich oft dem Blick
oder einem Wort einer schönen Frau feige von dannen
geflüchtet.

Meine Jugendstreiche

Herzens Lust

Damals war das Gigerltum große Mode.

»Gigerl sein,

Das ist fein,

Gigerl kann nicht jeder sein!«

sang die ganze Welt und trug weite Hosen, spitze Schuhe, kurzes Sakko, Knopfstiefel, hohe Eckenkragen, dicken Stock, steifen Hut mit flacher Krempe, Zickzackfrisur – und wie die Alten sungen, so zwitscherten die Jungen. Pickfein schlichen wir Auer alle Sonntage zur Tanzmusi beim »Stadtwirt«, zum Linksumadrahn und zur »Frassähs«. Ich kann es mit Sicherheit behaupten, daß die damaligen Tänze mehr Leben in die Bude brachten, als das heutige Tango-, Foxtrott- und Rumba-Gewerkel. Ein Glück, daß ich damals jung war und es heute nicht mehr zu sein brauche.

Mein erstes Schäferstündchen freilich habe ich verschlafen. Als ich sechzehn Jahre alt war, hatte ich ein Verhältnis mit einem Mädchen in genau dem gleichen Alter und weil wir zusammen zweiunddreißig Lenze zählten, glaubte ich bereits längst majorenn zu sein. Wir wählten zu unserem mitternächtige[n] Rendezvous einen Möbelwagen.

»Und milde sang die Nachtigall

Ein Liedchen in die Nacht:

Die Liebe, ja die Liebe

Ist einen Himmelsmacht.«

Aber ehe sie wieder' ausgesungen hatte, lagen wir schon in Morpheus Armen und als am frühen Morgen die Hähne krähten und unser Fuhrmann den Möbelwagen anspannte, fuhr er uns Siebenschläfer ahnungslos zum Hof hinaus. Nun war aber der polternde Möbelwagen beileibe keine Luxusequipage und rüttelte uns schnellstens wach. Allmählich dämmerte es mir, in welch peinliche Situation wir gekommen waren. In der Entenbachstraße bei der Isarbrücke, wo heute das Müllersche Volksbad steht, ließ ich meine Angebetete zum Möbelwagen hinaus und bald kroch ich hinterher. Ob uns jemand gesehen hat, weiß ich nicht. Denn wir haben beide unsere Augen nicht vom Boden weggebracht, als wir jedes einzeln der heimatlichen Klause zuschlichen, sosehr schämten wir uns.

Immerhin, gänzlich unempfänglich für weibliche Reize war ich durch diese Jugendsünde keineswegs geworden. Im Hause meines Meisters Hallhuber mußten wir Lehrlinge alle Tage Brennholz machen in seinem Keller. Neben unserem Hause war eine Drogerie mit großer Kundschaft. Und wenn wir Lehrlinge zum Kellerfenster hinaus gen Himmel schauen wollten, wie das Wetter wird, stand oft gerade irgend ein dummes Frauenzimmer auf dem eisernen Rost davor und versperrte uns die ganze Aussicht, sodaß wir den Himmel ganz vergaßen.

Einst liebte ich ein Mädchen und auch das Gegenteil war der Fall: sie liebte mich wieder. Aber nicht etwa weil ich eine so ausgesprochene Schönheit gewesen wäre, sondern weil ich so ein Gaudibursch war. Sie schwärmte für jede Viecherei. So bald sie mich nur sah, lachte sie schon. Und was ich auch mit ihr anfangen mochte – sie lachte immer. Gelacht hat sie sogar, als ich ihr einmal ihren neuen Strohhut so unsanft auf einen Kleiderhaken stülpte, daß der ganze Kopf hinausflog und das ganze Prachtstück zerfetzte. Kurzum, sie verstand Spaß, wenn es auch eine Sachbeschädigung war. Dennoch habe ich sie nicht geheiratet und kurz darauf ging sie mit einem Kapellmeister in die Schweiz durch, sodaß ich mir ein anderes Mädchen zum Lachen suchen mußte.

Geheiratet habe ich dann trotzdem. Und wenn meine gute Frau nicht so oft über mich gelacht hätte, hätte sie weiß Gott nichts von mir gehabt! Als wir einmal in Starnberg dem »Nordexpress« entstiegen waren, ging ich schnell noch einmal zu unserem Abteil zurück und schaute zum Fenster hinein. Mein Weib frug mich: »Was ist los?« »Nichts ist los, ich habe nur vorsichtshalber in das Coupé hineingeschaut, ob ich auch wirklich ausgestiegen bin!«

Schon seit meiner Kindheit, als ich zehn Jahre alt war, hatte ich für dicke Frauen etwas übrig. Warum, weiß ich nicht. Wenn mich meine Onkel und Tanten im Scherz fragten: »No, Valentin, wen heiratest denn du einmal?«, gab ich prompt zur Antwort zurück, ›eine ganz dicke Frau!‹ Diese Leidenschaft ist mir glücklicherweise geblieben, denn noch heute nach fünfzig Jahren habe ich den gleichen Geschmack. Für mich geht die Schönheit einer Frau erst mit zwei Zentnern an. – Es ist mir neulich passiert, daß ich einer Dame, die ich näher zu kennen glaubte, ziemlich frech auf offener Straße mit flacher Hand auf das Rückgebäude klopfte, wozu ich meinte »Grüß Gott Frau N.!« Aber irren ist menschlich. Es war nämlich leider gar nicht die Frau N., sondern mir eine gänzlich Unbekannte. Sie sah nur von rückwärts der Frau N. so ähnlich wie ein Ei dem andern. Natürlich habe ich mich tausendmal entschuldigt. Aber wer glaubt einem in solchem Fall schon die Verwechslung? Und wenn ich Ihnen versichere, daß mir das Ganze schrecklich peinlich war, werden Sie wenigstens nicht daran zweifeln?

Dafür habe ich ein anderes Mal zum Fasching mich mit einem buchstäblichen undurchdringlichen Keuschheitspanzer umgürtet. Es hatte geheißen: »Der Maskenball der Kammerspiele findet im Deutschen Theater statt – die originellste Maske erhält eine Prämie von Hundert Mark!«

Dieses Geld spürte ich schon in meiner Brusttasche: denn das originellste Maskenkostüm hatte ich – einen Taucheranzug. Als Taucher ist doch sicher noch niemand auf den Maskenball gegangen. Und ich ging. Aber es wurde eine Enttäuschung.

Was für eine Arbeit es ist, einen Taucheranzug anzuziehen, das weiß nur ein Taucher. Eine volle Stunde arbeiteten zwei Personen an mir, bis der Taucheranzug, der aus einem Stück gearbeitet ist, endlich saß. Zum Halsloch muß der ganze Körper bis auf' den Kopf hineingesteckt werden und als dies geschehen war, setzte man mir den Helm auf, der mit einem Schraubenschlüssel an den Metallring des Halsauslaufes befestigt wurde. Man hängte mir noch verschiedene schwere Luftapparate um, zog mir außerdem noch dreißig Pfund schwere Bleisohlenschuhe an und ich stand fix und fertig als Tiefseetaucher [in] der Garderobe des Deutschen Theaters. Im dritten Stock!

Daß wir zum Anziehen eine Garderobe im dritten Stock wählten, war an sich schon eine Viecherei. Ich wette, Sie würden heute noch gerne fünf Mark pro Person bezahlen, wenn sie nur diesem Lustspiel, betitelt »Der Taucher im Stiegenhaus« zusehen könnten. So wie ich im Innern des Anzuges geflucht habe, so sehr haben meine beiden Begleiter in der Außenwelt gelacht.

Glücklich kam ich ins Parterre, stieß an allen Ecken

und Enden an und war – endlich – im Tanzsaal angekommen. Aber welch ein Malheur! Die Polonaise, deren Krönung die Maskenprämierung bildete, war schon längst vorbei; man tanzte bereits den dritten Walzer. Aber daß ich in meiner zwei Zentner schweren Rüstung im Walzertempo dahinschwebte, konnte kein Mensch von mir verlangen.

Tieftraurig und in Schweiß gebadet, verließ ich mit meinen beiden Führern den Tanzsaal. Aber nun kommt erst das Denkwürdige an der ganzen Geschichte. Sonst hat ein Tauche[r] immer in die Tiefe zu steigen. Ich aber mußte hingegen in die Höhe und zwar hatte ich wieder die unter dem Dach gelegene Garderobe zu erklimmen.

Kein Mensch, nicht einmal ich selber, hat daran gedacht, daß ich mich doch ebenso gut im Erdgeschoß hätte ausziehen können. Aber dieser gute Gedanke kam mir erst, als wir bereits glücklich im dritten Stock wieder angelangt waren.

Und nun dauerte es abermals eine gute halbe Stunde, bis man mich unter Aufbietung der allerletzten Kraftreserven, unter Ächzen, Stöhnen und Schimpfen aus dem Gummischlund herausgeschält hatte. Erschöpft, zerknittert und ermattet saß ich da, schnappte nach Luft und in meinem Innern brach sich die Überzeugung Bahn, daß ein Taucher nur ins Wasser gehört, aber nicht in einen Ballsaal.

Erinnerung an die Erste Liebe

Hier! Du mein liebend Herzlein,
Nimm mein Bild, bewahr es auf!
Denn die Stunden sind gezählet,
Wo unsre Lieb' muß hören auf!
Doch zwei gute, edle Freunde
Bleiben wir, wenn Du es willst.
Wenn Dich auch mit wahrem Kosen
Andres Liebesherz umhüllt.
Wenn Du Deine Blicke so
Auf die Vergangenheiten lenkst,
Glaub ich, daß in schwersten Zeiten
Du auch meiner noch gedenkst!
Denn die erste Liebe wird doch,
Sprichwörtlich ist's ja bekannt,
Als die beste ja gezeichnet,
Als die glücklichste genannt!
Wenn wir traumverloren saßen,
So auf laubumschlungner Bank
Und an Deinen süßen Lippen
Ich den Weg zur Liebe fand!
Und Du sahst mir in die Augen,
Sprachst dabei: ›Ich liebe Dich!‹
O dieses Wörtlein bleibt bewahret
In meinem Herzen ewiglich.
Und sollten wir mal scheiden müssen

Und brechen unsere Liebelei,
So ist mein Größtes Glück auf Erden
Und meine Lebenslust vorbei.

Gedichtet und Dir gewidmet von
Deinem Dich liebenden VALENTIN.

(Ich heiße von jetzt an und für immer:
KARL VALENTIN – Münchner Original-Humorist)
München, den 5. August 1902.

Heinrich und Liese

Text von C. Valentin Fey. 1907

H.   I woas net was soll des bedeuten
I bin halt a saudummer Depp
Hab i mal a bildsaubers Maderl
Dann fischens die andern mir weg
Mei Lisie mei Liesie mei Liesi
Koa schönre kanns gar nimmer geb'n
I glaub Sie will mi jetzt verlass'n,
Und ohne Ihr ko i net leb'n [.]

L.   – *(kommt heulend rein)*
Zu jener Zeit wie lieb ich dich mein Leben
Ich hätt geküsst die Spur von deinem Fuß
Hätt dir mei Unschuld 1000 x gegeben
Du dumer Bua machst mir so vui Verdruß [.]

H.   Liesi!

L.   Heini!

B.   Sama-wieder guat.
Ja! Ja!

H.   Deandl geh sei gscheid, mach mir halt de Freud
Hör dei Bläcka u. dei Winsl'n auf
I kon di net oschaug'n mit dene Batz'laug'n

Wennst net auf hörst häng i mi no auf
Den so wia i di lieab
So liebt die koaner mehr
Weil die a andrer überhaupt's net mag
Daß'd schiali bist, des hab i ja von jeher gwußt
Doch jetzt werst gräußlicher von Tag zu Tag [.]

B.   Aber des macht nix des schad nix
Sann mir a net schö.
D' Hauptsach daß ma gsund san
Dann werd's scho guat geh.
Wenn wir das erste […]
Da san d' Leut alle baff
Den des des wüßt ma voraus scho
Des werd ganz gwiß a Aff
Dann schreib'n ma glei nach Hamburg hin
Zum Hagenbeck ganz gschwind
Der tuts dann in an Käfig nein
Verfangt es erste Kind [.]

H.   Doch jetzt san mir leedi
Jetzt hats no koan Sinn
Mir san ja no gar net
Im Ehestand drin [.]

L.   O du lieber guter Heinrich *(Trauermarsch)*
Glaube mir die Sach ganz sicherlich
Lang deafs nimmer dauer'n
Daß is zu bedauern
Denn mich drückt das Herz
Schon fürchterlich [.]

H.   Jessas Jessas das Maleur
Gibts denn gar koa Rettung mehr
Des des geht uns grad no o
I hau da glei dein Kürbis ro [.]

L.   Schuld bist du [!]

H.   Wer i [?]

L.   Ja du [!]
Eha hast ja geb'n koa Ruh [.]

H.   Hol a Schüssel Wasser rein
Dann stürz ma uns hinein [.]

B.   Ja d' Liab drin im Herzen
is a gspassigs Ding
Kaum daß ma sich gern hat
Dann liegt ma schon drin.

L.   Aber d' Mutter
Und da Vater
Jes Maria i hab Angst
De wer'n dir 'd' Levit'n les'n
Du mei lieba Bua da g'langst[.]

H.   Und da Vetter u die Bas'n

L.   De werd'n uns ganz gwiß […]

H.   Liese! Liese!

L.   Heini! Heini!

B.   I möcht mit'anander sterb'n [.]

H.   Ich kanns noch gar nicht glaub'n [.]

L.   Und i i woaß ganz gwiß [.]

H.   Du hast mich hintergangen
Mei Herz hat scho 6 Riß
Du bist a falsche Hosn
Du warst mir nie nicht treu
Drum laß ich dich jetzt hocken
Du alte Sakristei[.]

L.   O bleib bei mir
Und geh nicht fort
An meinem Herzen ist der weichste Ort[.]

H.   *(kommt wieder zurück)*
Ich kann es nicht über mein Herzlein bringen
Dich zu verlassen jetzt in dieser Stund
Gefesselt hat mich ja dein schönes Auge
Und dein so winzig kleiner süßer Mund
Die langen Haxen die du nennst dein
Und die Figur als wie a Suppenbein
Ach Liebchen schenk mir wieder deine Liebe
Und Alles soll hiermit vergessen sein[.]

L.   Ach lieber Heinrich
Gib du mir jetzt dei Pratzerl
Doch gwaschen hast die net du Sau

Wenns hinschaugst nacha siehagstas gnau
Doch komm jetzt gehen wir
Mei lieber guter Heini
Gib mir doch mal an schönen Kuß *(küssen)*
Ich bleib ja doch die deine[.]

L.   Du Heinrich ich hätt a Bitt ⎫ *(Schwärmerisch*
H.   Mein Lieschen raus damit ⎬ *gesprochen)*
       (Liese nimmt den Finger[?] in Mund singt dann)

L.   Nimm mich mit – Nimm mich mit
In dein Kämmerlein
ja nur dort allein kann ich glücklich sein.

Karl Valentin mit seiner Jugendliebe Resi Wittmann auf einem Maskenball im Bürgerbräu um 1900

Parodie auf den Lindenbaum

1921

I.

Ein Vöglein sitzt am Lindenbaum
horch horch – schau schau – ei ei
und schmettert leise voll Gefühl
die süsse Melodei
und ich sitze hier und lausche zu
dem Vöglein auf dem Baum
es sitzt da oben auf dem Ast
so hoch man sieht es kaum. . . . . .
(Zwischenmusik mit Nachtigallenpfeife)
(Melodie: Alle Vöglein sind schon da)

2.

Vor einem Jahr da sass ich hier
mit meinem lieben Schatz
auch unter diesem Lindenbaum
genau auf diesem Platz.
Da sang ein Vöglein grad wie heut
hoch oben in der Luft.
Doch er, er ist mir durchgebrannt
er war ein grosser Schuft. . . . . .
(Zwischenmusik mit Nachtigallenpfeife
Melodie: Alle Vöglein sind schon da)

3.

Vergessen habe ich ihn nie
trotz heissem Liebesschmerz
fest eingeschlossen sehn sie ihn
ich trag ihn stets am Herz.
(Bild des Geliebten wird auf Bluse projektiert)
Doch was man halt nicht ändern kann
s' ist so der Liebe Brauch
liebt er dich nicht – dann ist's mir wurscht
dann pfeift ihm der Vogel drauf…
(Bei dieser letzten Zeile öffnet sich bei dem Vogel ein Ventil und es ergiesst sich ein Brei aus Eidotter auf die Bluse, die weisse des Mädchens, respektiv in das Gesicht des projektierten Geliebten.)

A Mädchen vom Land

J bin dö schö' Zilli, ja schaug'ns mi nur o
J brauch mi net schama, an mir is was dro. *(Jodler)*
    Zwischenländler mit Tanz.
J bin a no ledi' no ganz unverdorb'n
Dös hoasst bis auf d'Unschuld, dö hab i verlor'n. *(Jodler)*
Da Hausknecht vom Gmoawirt, a Kerl wia a Stier,
Der geht jetzt scho fast a drei Monat mit mir. *(Jodler)*
Dö erst' Zeit hab i mi vor eahm oiwei g'schamt,
Do hot er mir oiwei – an's – – – Kinn oni g'langt.
(Jodler)
Und später drauf san mir mal hoam bei da Nacht,
Da ham wir am Feldweg d'rauss Bruadaschaft g'macht.
(Jodler)
Doch des is koa Sünd, i brauch mi net schama
Zur Vorsicht bin i doch zum Beicht'n ganga. *(Jodler)*
Und da Pfarrer hat g'sagt, Deandl dös tuat mi freun,
Du tuast wia i spann Deine Sünden bereu'n. *(Jodler)*
Und dös hab i mir dann z'Herz'n g'numma,
Und bin alle Tag dann zum Beicht'n kumma. *(Jodler)*

Aff – Aff – Afra

Text von Karl Valentin. Musik von Georg Huber

1.
Komm eß und trink – und trink und eß,
was ist noch dein Begehr:
du bist nicht satt – ich seh dirs an,
ruf schnell den Kellner her.
Für dich da geb ich, auf mein Wort,
den letzten Pfennig hin;
du hast ja keine Ahnung,
wie vernarrt ich in dich bin.
Refrain: Aff – Aff – Afra
du zuckersüße Maus.
Aff – Aff – Afra
ich führ dich heut nach Haus.
Aff – Aff – Afra
ich bin in dich verliebt,
weil es in unsrer ganzen Stadt
kein schönres Mädchen gibt.

2.
Seit ich dich kenn – bin ich wie blöd,
ich sehe nichts als dich.
Und tanzt ein andrer Mann mit dir,
das quält mich fürchterlich.
Dein Bubikopf – dein schlanker Leib,
dein raffiniertes Gschau,

nur so wie du geschaffen,
so verlang ich eine Frau …
Refrain: Aff – Aff – Afra
du zuckersüße Maus.
Aff – Aff – Afra
ich führ dich heut nach Haus.
Aff – Aff – Afra
ich bin in dich verliebt,
weil es in unsrer ganzen Stadt
kein schönres Mädchen gibt.

3.
Und daß du alle Tänze kannst,
das find ich einfach bon.
Als wie ein echter Kannibal
tanzt du den Charleston.
Dein Leib dreht sich – dein Auge rollt,
ein Mädel eigner Raß,
ist so ein Weib beschaffen,
dann macht sie dem Manne Spaß …
Refrain: Aff – Aff – Afra
du zuckersüße Maus.
Aff – Aff – Afra
ich führ dich heut nach Haus.
Aff – Aff – Afra
ich bin in dich verliebt,
weil es in unsrer ganzen Stadt
kein schönres Mädchen gibt.

Karl Valentin und Liesl Karlstadt in dem Theaterstück »Brillant-feuerwerk« (»Ein Sonntag in der Rosenau«), 1926

Riesenblödsinn

Original – Vortrag von Karl Valentin.

(Vortragender ist komisch gekleidet, hält eine Gitarre in der Hand)

Gestatte mir, Ihnen ein Lied mit Gesang zum Vortrag zu bringen, ich hab' nämlich a wunderbare Stimm', ich hab' das Singen gelernt auf einer Maschine, auf einer Singermaschine, ich hab bis 19 Jahre einen wunderbaren Tenor gehabt, mit 20 Jahren hab' ich an Bass bekommen, einen Reisepass.

Also, ein Lied mit Gesang! *(Vorspiel)* Jetzt fällt mir der Anfang nicht ein von dem Lied, dddddddd, das ist mir aber peinlich, daheim hab' ich's grossartig können, aber ich kann doch jetzt nicht extra heimgehen, an Schluss weiss ich schon, aber wenn ich mit'n Schluss anfang werd' ich zu früh fertig – – fällt mir nicht ein – – dann erzähl ich Ihnen derweil was, bis mir das Lied einfällt. – –

Sehn's, die Gitarr' da, das ist noch ein Andenken von meinem Grossvater, denn diese Gitarre hab' ich mir vor 14 Tagen gekauft, aber nicht auf einmal, sondern so stückweise, zuerst hab' ich mir das billige Zeug dazu gekauft *(zeigend)* das Loch hier!! – Da hab ich eine Mordslauferei gehabt bis ich das Loch bekommen hab', ich bin zu einem Instrumentenmacher gegangen und hab' g'sagt: Bitte, hab'n Sie ein Loch? Ja, sagt er, zu was brauchen Sie denn ein Loch? – sag ich: für meine Gitarre. – Nein, sagt er, ein solches hab' ich leider nicht! – Dann hab ich mir ein Ofenrohr gekauft, hab' das Blech von dem Ofenrohr weggerissen und ich hab dadurch ein Loch bekommen – dann hab' ich um das Loch Bretter machen lassen, dazu einen Saitenhals, hab Sait'n draufg'spannt und die Gitarre war fertig. Zum Aufzieh'n der 6 Saiten hab ich zwei Tag' gebraucht, denn ich hab die Saiten in die Schraubwirbel 'nei'gsteckt – hab's drehen angefangen, aber ich hab' vergessen, dass ich die Saiten unten *(zeigend)* ang'hängt hab'! – Durch dieses unten nicht ang'hängt sein, haben sich die Saiten immer auf den – – – – na – – – das verstehen Sie ja doch nicht, wenn Sie noch nie im Leben eine Gitarre gesehen haben; für die Gitarre hab' ich einen Sack machen lassen aus Wachsleinwand – der Sack is immer grösser und grösser wor'n, weil er aus Wachsleinwand war. – – – Also – ein Lied!

In einem kühlen Grunde, da geht ein Mühlenrad

Mein Liebchen ist verschwunden, das dort gewohnet hat! –

Sehn Sie, das ist ein schönes altes Lied, aber ich find das furchtbar blöd. – Dös müssen's Ihnen einmal genau überlegen – dös kommt doch in dem Lied grad 'raus, als wenn das Liebchen – also mir is ja ganz wurscht wo de g'wohnt hat – – von mir aus kann ja das Liebchen wohnen wo's mag – aber dem Lied nach hat de unbedingt in dem Mühlrad g'wohnt, wia g'sagt, von mir aus kann de wohnen wo's mag, aber wenn das Liebchen wirklich in dem Mühlrad g'wohnt hat, dann hat das Mädel noch koa ruhige Stund' g'habt! – Es gibt ja noch so Lieder: Da hab ich amal einen singen hören, der is auf der Bühne g'standen und hat g'sungen: Ob Du mich liebst, hab ich den Wind gefragt! – An Wind muass er frag'n, er soll's doch glei' selber frag'n, der Gletzenkopf der kann sich's do denken, dass er da a windige Antwort kriagt! – Einen noch grösseren Blödsinn hab ich in einem Theater singen hören bei der Operette – ich weiss nicht mehr wie's heisst. Da kommt das schöne Lied vor: »Und der Himmel hängt voller Geigen« – also das tät ich mir noch g'fall'n lass'n, dass der Himmel voller Geigen hängt – aber den möcht ich kennen, der wo die vielen Nägel in Himmel 'nei'g'schalg'n hat, wo die Geigen alle dran hängen! – – –

Na, da seh'n Sie doch ganz deutlich,
Hochverehrtes Puplikum,
Nichts als Blödsinn, Blödsinn, Blödsinn,
Nehmens mir die Sach' nicht krumm!

Der Mord in der Eisdiele!

Moritat von Karl Valentin

Mel. »Sabinchen war ... («)

1.

Das alte Mädchen da am Bilde
Sie hieß Annemarie.
War Köchin viele Jahre lang,
Verheirat' war sie nie.
Sie hat sich Geld ersparet,
Das hat einer erfahret,
Ein Lieb'sverhältnis wurde draus,
Der Bursche, der hieß Kraus.

2.

Er 20 und sie 50 Jahre,
Der Unterschied war groß.
Sie hatte ein Sparkassenbuch,
D'rum ließ er sie nicht los.
Er liebte sie platonisch,
Sie fand an ihm das komisch.
Da Herz des Burschen, das blieb kalt,
Sie war ihm stets zu alt.

3.

Wie komm' ich zu dem Sparbüchlein?
So sann er her und hin.
Er kaufte Mausgift, ein Paket,
Mausgift enthält Strychnin.
Vergiften ist zu gräuslich,
Das fand er selbst zu scheußlich.
Verschwinden muß die Annemarie,
Er wußte nur nicht – wie.

4.

Der junge Kraus, ihr lieben Leut',
Studierte hin und her.
Erschießen wäre auch nicht schlecht
Er kauft an Revolver,
Er hat es nicht gemachet,
Weil der Revolver krachet.
(Aber) verschwinden muß die Annemarie,
Er wußte nur nicht – wie.

5.

Da holte sich der junge Kraus
Ein Beil vom Keller 'rauf,
Mit einem Schlag, denkt er bei sich,
Da gibt den Geist sie auf.
Doch blutig soll's nicht gehen,
Er kann kein Blut nicht sehen.

(Aber) verschwinden muß die Annemarie,
Er wußte nur nicht – wie.

6.

Als Mörder war er viel zu weich,
Er kam auf die Idee:
Er führte dann sein Opferlamm
In eine Eisdiele.
Dort hat sie sich vergessen
Hat so viel Eis gefressen,
Daß sie daran erfroren ist,
Das war des Mörders List!

Moritat »Franz & Lotte«

1947

1)
Hört – nun – zu – ihr lieben Männer und ihr Frauen –
Auch – ihr – Kinder, heute gibt's hier was zu schau'n
Franz – und – Lotte riss das Schicksal auseinand'
Doch – die treue Lieb' – ihr gutes Ende fand.

2)
Er war – 17 Jahr und sie ein Jahr jüng – er
Er – war – raffiniert, doch sie – war – viel dü – mmer.
Sie lern – te – ihn kennen, drinnen in der Stadt
Dass – war s'ein – zige, was sie gelernet hat.

3)
Er war Ausgeher, so ein Beruf ist leicht
Ausgehn ist nicht schwer, weil's jeder leicht begreift.
Doch am Sonntag soll ein Ausgehen nichts tun
Sechs Tag' sollst du, und am siebten sollst du ruh'n.

4)
Ihr Beruf, wie schad, war Platzanweiserin
Bis – auf d'Nacht hat sie zu tun, im Kino drinn'
An den Sonntagen, da hat sie niemals frei
Ihm bricht nun allein das Herz zuhaus' entzwei.

5)
Hah! – das wird geändert, er fasst einen Plan
Morgen – Nacht zünd' ich das Kino einfach an.
Dann ist meine liebe Lotte stellungslos
Dann kommt sie zu mir, der Plan ist ganz famos.

6)
Und die Nacht darauf – brennt lichterloh das Haus
Doch der Brandstifter befand sich noch im Haus
Und man brachte ihn sofort nach Stadelheim
Ohne Lotte ist er drinnen nun allein.

7)
Lottchen weinte sich nun schier die Aeuglein aus
Er in Stadelheim, sie stellungslos zuhaus
Was wird nun gescheh'n aus dem verliebten Paar
Er wird Zuchthaus krieg'n, vielleicht a fünf – sechs Jahr.

8)
Sie wird treu ihm bleiben, diese lange Zeit
Liebe ist nur echt, in Freude und in Leid
Kommt er einstens dann zurück aus Stadelheim,
Ist mit seinem Lottchen endlich er allein.

Ein komischer Liebesbrief

Lieber ...!

(Hier nennt der Vortragende seinen Vornamen.)

Mit weinenden Händen nehme ich den Federhalter in meine Hände und schreibe Dir. – Warum hast Du so lange nicht geschrieben? – wo Du doch neulich geschrieben hast, daß Du mir schreibst, wenn ich Dir nicht schreibe!! – – Mein Vater hat mir gestern auch geschrieben; er schreibt, daß er Dir geschrieben hätte. Du hast mir aber kein Wort davon geschrieben, daß Dir mein Vater geschrieben hat. – Hättest Du mir geschrieben, daß Dir mein Vater geschrieben hat, so hätte ich meinem Vater geschrieben, daß Du ihm schon schreiben hättest wollen, hättest aber leider keine Zeit gehabt zum Schreiben, sonst hättest Du ihm schon geschrieben.

Mit unserer Schreiberei ist es sehr traurig, weil Du mir auf kein einziges Schreiben, welches ich Dir geschrieben habe, geschrieben hast. – Wenn Du nicht schreiben könntest, wär es was anderes, dann tät ich Dir überhaupt nicht schreiben, weil dann die Schreiberei keinen Wert hätte, – *so kannst Du aber schreiben* und schreibst doch nicht, wenn ich Dir schreibe!

Ich schließe mein Schreiben und hoffe, daß Du mir nun endlich schreibst, sonst ist das mein letztes Schreiben, welches ich Dir geschrieben habe. – – Solltest Du aber wieder nicht schreiben, so sage wenigstens dem Ueberbringer dieses Schreibens, wann und wo wir uns heute noch treffen. *(Vortragender übergibt den Brief wieder dem Ueberbringer mit den Worten.)* Sag'ns eine schöne Empfehlung von mir und ich wart ihr heut Nacht um 2 Uhr Ecke Dachauerstraß' und Isartorplatz.

(Vortragender bläst oder singt hierauf den letzten Ton seines Liedes und geht dann ab.)

II. Weiber-Geschwätz

»Lorelei«

Vortragender sitzt auf einer Leiter oder einem Stuhl, der mit einem Tuch zugedeckt ist.
Melodie: »Ich weiß nicht was soll es bedeuten.«

Grüß Gott und ich hab die Ehre,
das heißt, ich bin halt so frei,
sie werden mich alle wohl kennen,
man heißt mich kurz die Lorelei,
was wurd über mich schon gesungen, –
ich muß es ganz offen gestehn,
und niemand hat mich noch gesehn
und ich bin doch so fabelhaft schön.
Viel tausend Jahr hock ich hier oben
bei Sonnenschein, Regen und Schnee
auf diesem steinigen Felsblock,
mir tut schon mei Rückgebäud weh,
ich singe und zupfe die Harfe,
ich wüßt ja net, was ich sonst tat
ich weiß nicht was soll es bedeuten,
das Lied wird mir jetzt schon bald fad.
Ich hab keine menschliche Seele,
ich leb nur als Märchen dahin,
drum ist es auch ganz leicht erklärlich,

daß viel tausend Jahr alt ich bin.
Wär ich eine menschliche Jungfrau,
ich sage es offen heraus,
hielt ich es so viel tausend Jahre
alloa da heroben net aus.
Ein Schiffer, ein bildschöner Jüngling,
fährt oft mit dem Kahn hier vorbei,
er liebt nur ein einziges Wesen,
er liebt nur mich, die Lorelei.
Da kommt er schon wieder gefahren,
(schaut nach dem Schiffer)
was willst denn du närrischer Tropf,
wenn du dich net gleich aus dem Staub machst
na wirf i dir d'Harpfa am Kopf.
Nun hab'n d'Lorelei sie gesehen,
vergessen sie nie diese Pracht,
nun werde ich wieder verschwinden,
es dunkelt schon heimlich die Nacht,
s' wird finster und immer finst'rer
und langsam geh ich zur Ruh,
und daß sie jetzt wissen, daß gar is,
geht langsam der Vorhang zu.

NB. Als Kopfbedeckung ist eine goldene Perücke oder gelbe Wollperücke erforderlich, in der Hand eine Lyra.

Bei der 5. Strophe wird ein kleines Schifflein, in welchem eine Puppe (Schiffer) sitzt, mit einem schwarzen Faden über die Bühne gezogen.

Karl Valentin in seinem Couplet »Lorelei«, 1916

Das Gretchen

Vortragende(r) ist als komische Soubrette gekleidet und hat im Busen einen Stein, den sie bei der dritten Strophe auf die Bühne wirft.

Melodie: » Tonkinesin«

1.

Wie Sie mich hier vor sich sehen,
Muß ich es frei, muß offen ich es eingestehen,
Ich heiße Gretchen und bin Chansonett',
Sehr zierlich und kokett,
Das schöne Bein, die vollen Waden,
Ein jedes Mannesauge kann sich daran laben,
Das kleine Händchen mit der zarten Haut,
Ich bin pompös gebaut.
– Ich heiße Gretchen und bin ein Mädchen,
Voll Temp'rament, voll Schneid, voll Schick,
Ich bin auch nicht besonders mager, ich bin auch nicht
besonders dick.
Ich will es wagen,
Es hier zu sagen,
Ich mach' in meinem Herzen Platz,
Ich bin schon über 15 Jahre
Und habe noch gar keinen Schatz.

2.

Geh' ich des Sonntags so spazieren,
Da tu' ich mich am allermeisten amüsieren,
Denn jeder Herr, der mich einmal erblickt,
Der ist von mir entzückt.
Es ist schon öfters vorgekommen,
Daß mich hat einer ins Kaffeehaus mitgenommen,
Doch fing er dann an mir zu tappen an, (o)
Dann lief ich ihm davo.
– Ich heiße Gretchen und bin ein Mädchen,
Voll Temp'rament, voll Schneid, voll Schick,
Ich bin auch nicht besonders mager, ich bin auch nicht
besonders dick.
Ich will es wagen,
Es hier zu sagen,
Ich mach' in meinem Herzen Platz,
Ich bin schon über 15 Jahre
Und habe noch gar keinen Schatz.

3.

Doch nun hab' ich's überwunden
Und habe endlich einen süßen Schatz gefunden.
Dieser schöne, junge, stramme Mann
Schaut mich so liebend an,
O nimm mir diesen Stein *(Stein wegwerfen)* vom Herzen,
Bereite mir nicht soviel Kummer, Sorg' und Schmerzen,
Sag' es aufrichtig, hast du mich denn lieb,
Du kecker Herzensdieb?
– Ich heiße Gretchen und bin ein Mädchen,

Und wie heißt denn nachher du?
Warum bist du denn gar so grantig, du machst a G'sicht
wie da Wuhwuh,
Mach' keine Geckerl,
Du süßes Schneekerl,
Warum besinnst du dich so lang?
Willst du mich nicht, dann läßt du's bleiben,
Dann pack' ich halt ein'n andern z'samm'.

Immer wieder Pech

1.

Ich bin ein flottes Mägdelein
Und stell mich Ihnen vor,
Man nennt mich eine süße Maus,
Bin immer voll Humor,
Nur bei den Männern hab' ich Pech,
Bei mir beißt keiner an,
Ich bin jetzt 16 Jahre alt
Und hab' noch keinen Mann.
Fast alle Freundinnen von mir
Sind schon verlobt, ich schwör' es hier.
– Nur ich, ich armes Mägdelein
Muß immer ganz alleine sein.
O habt Erbarmen, meine Herrn,
Ich hätte einen jeden gern,
Zum Beispiel diesen Herrn da dort,
Der mich fixiert in einem fort,
Den möcht' ich gleich, nur ist es fad,
Daß er schon eine »Platt'n« hat.

2.

Ich habe Pech, wohin ich schau',
Ich sag' es frei heraus,
Hab' ich mir einen auserkor'n,
Wird sicher nichts daraus,
Ich laß mir täglich Karten schlag'n
Von einem alten Weib,
Und die versichert mir bestimmt,
Daß ich nicht übrigbleib'.
Doch das ist doch für mich kein Trost,
Wenn es mich meine Jugend kost't.
– O bitte, bitte, greift doch zu,
Ich lasse euch nicht eher Ruh',
Schaut mich doch an von vorn, von hint,
Ob ihr da einen Fehler find't!
Die volle Brust, die zarte Haut,
Ich bin gewiß nicht »schlecht« gebaut.
Wer will mich hab'n, der soll es sag'n,
Er wird sich sicher nicht beklag'n.

3.

Nun endlich findet sich ein Herr,
Ich wußt' es ja bestimmt,
Doch nein, es ist scheint's wieder nichts,
Weil er sich so besinnt.
Ach Arthur oder wie du heißt *(einen Herrn ansingend)*,
Geniere dich doch nicht,
Ich glaube, daß vor Liebesweh
Ihm fast sein Herzlein bricht'

Ach Arthur, o du süßer Mann,
Vor Angst er nicht mehr sprechen kann.
– Ach Arthur, du mein süßer Schatz,
Komm rauf und gib mir einen Schmatz!
O Gott, ich glaub', er lacht mich aus,
Nun wird es wieder nichts daraus,
Pech, wo ich steh', Pech, wo ich geh',
Und weil ich keinen Ausweg seh,
So schwör' ich hier bei Seel und Leib,
Daß ich nun eine »Jungfrau« bleib'.

Moritat Margareta bei der Straßenbahn

Als Moritat vorzutragen mit Drehorgel- oder Gitarrebeglei-
tung
Melodie: »O teure Margarete[«]
Hier seh'n sie einen Vater
Und eine Tochter hat er,
S'is seine einzige
Und heißt Margarete.
Das Mädchen ist noch ledig
Und hat's Verdienen nötig,
Doch ist es heut nicht leicht,
Was man dazu ergreift.
Margarete tat Lehrerin nun werden.
Doch in dem Beruf, da fand sie bald Beschwerden.
Sie gab die Stellung auf.
Der Vater sprach voll Groll:
Man weiß nicht, was man
Einem Mädchen lernen lassen soll.

Der Vater voll Entsetzen
Tat umeinander hetzen,
Daß er nur für sein Kind
Ne andere Stellung find.
Es ist ihm auch gelungen,
Hat sie hineingebrungen.
Sie seh'n, auf eins, zwei, drei
Saß sie in der Kanzlei.

Margarete tat Kontoristin werden,
Doch in dem Beruf gab's abermals Beschwerden.
Sie gab die Stellung auf.
Der Vater sprach voll Groll:
Man weiß nicht, was man
Einem Mädchen lernen lassen soll.

Der Vater voll Ergrimmen
Tat sich nicht lang besinnen;
Chauffeuse wär auch fein
Für's liebe Töchterlein.
Zum Autowagenbesitzer
Läuft schnell dann wie der Blitz er;
Und schon auf Ja und Nein
Hat sie den Führerschein.
Margarete tat Chauffeuse werden,
Doch in dem Beruf gab's abermals Beschwerden.
Sie gab die Stellung auf.
Der Vater sprach voll Groll:
Man weiß nicht, was man
Einem Mädchen lernen lassen soll.
Der Vater voll Ergrimmen

Und zornig denkt der Vater:
Nun muß sie zum Theater.
Er sähe es ganz gern,
Könnt sie 'ne Sängerin werd'n.
Es ist ihm auch gelungen,
Hat sie hineingebrungen
Nach kurzem Studium
Stand sie am Podium.
Margarete tat nun Sängerin werden,

Doch in dem Beruf gab's wieder viel Beschwerden.
Sie gab das Singen auf.
Der Vater sprach voll Groll:
Man weiß nicht, was man
Einem Mädchen lernen lassen soll.

Der Vater wurd' nun böser
Und ging schnell zum Mathöser;
Studiert herum voll Groll,
Was sie nun werden soll.
Es ist ihm auch gelungen,
Hat sie hineingebrungen.
Und im Mathäser drin
Ist sie nun Kellnerin.
Margarete tat nun Kellnerin werden,
Doch in dem Beruf gab's wieder viel Beschwerden.
Sie gab die Stellung auf.
Der Vater sprach voll Groll:
Man weiß nicht, was man
Einem Mädchen lernen lassen soll.

Der Vater tat nun fluchen,
Für sie was anders suchen
Und lief in schnellem Trab
In's Münchner Tageblatt.
Es ist ihm auch gelungen,
Hat sie hineingebrungen.
Und schon in ein'gen Tagen
Tat sie Zeitung austragen.
Margarete tat Zeitungsträgerin werden,
Doch in dem Beruf gab's wieder viel Beschwerden.
Sie gab es wieder auf.

Der Vater sprach voll Groll:
Man weiß nicht, was man
Einem Mädchen lernen lassen soll.

Der Vater wird nun windi,
Kauft einen Karr'n geschwindi
Und fahrt in schnellem Lauf
Zur Obstmarkthalle 'nauf.
Kauft droben Obst zusammen
Birn, Äpfel und Bananen
Und den Hausiererschein
Besorgt er obendrein.
Margarete tat Obsthausiererin werden,
Doch in dem Beruf gab's wiederum Beschwerden.
Sie gab es wieder auf.
Der Vater sprach voll Groll:
Man weiß nicht, was man
Einem Mädchen lernen lassen soll.

Jahrze[h]nte sind verflossen.
Der Vater war verdrossen,
Sagt dann zum Töchterlein:
Nun fällt mir nichts mehr ein.
Er spricht zu ihr im Bösen.
Bist alles nun gewösen;
Und nirgend hältst du stand,
Das ist ne große Schand.
Margarete ist nun sehr gealtert;
Margaretes G'sicht ist nun schon gefaltert.
Margarete schaut zum Himmel auf,
Vertraut auf Gott, und gibt die
Hoffnung immer noch nicht auf.

Des Vaters Zorn, ich sag es,
Verlor sich eines Tages.
Das Glück war plötzlich da
Bei Tochter und Papa.
Der Vater ist entzücket;
Die Tochter ist beglücket.
Der Vater sagt: Ei ei,
Die Sorgen sind vorbei.
Margarete, ich sag es unumwunden,
Hat doch noch eine Existenz gefunden.
Seh'n sie sich das Bild genau mal an,
Nun ist die Margarete
Bei der *Münchner Straßenbahn.*

Die Mutter

(Schauspiel)
1940

(Sohn kommt von der Arbeit heim, geht in das Zimmer seiner alten gebrechlichen Mutter, die in einem Lehnsessel sitzt; sie ist schon 80 Jahre alt; sie weint bitterlich).

SOHN: Grüss Gott, Muatter! – – – – – – No, – – – – – – bin i koan Gruss mehr wert? –
(Die Mutter schaut ihn nicht an und weint immer weiter. Das einzige, was man vernimmt, ist das Ticken der Wanduhr und das Schluchzen der Mutter).

SOHN: *(Ganz erstaunt, hebt ihr den Kopf und schaut ihr ins Gesicht; erschrocken:)* Ja Muatter, Du weinst ja! – – – Ja, was ist denn los? – – – Bist denn krank? – – – – – – *(Rüttelt die Mutter)* Muatter – – – – – Du – – – – – red', was ist g'schehn? – – – – – – Hat's Verdruss geb'n im Haus? – – – – – Sag mir's, hat Dich wer beleidigt? – – – An dem vergreif i mi! – – – – – – – Muatterl geh, bist krank, soll i an Doktor hol'n? – – – – – – Schau mir in d' Aug'n, Muatterl! – Wia i fortgangen bin, warst doch noch ganz guat beinand! – – – – – Du hast an seelischen Schmerz! I kenn Dir's an! Is mit der Schwester was los? – – – – – Wo is d' Fanny? – – – – – Fanny! – – – Fanny! – – – – *(Läuft in die Küche)* Fanny! Wo bist denn? – – – – – Fanny! Was is denn los? – – – Was is mit der Muatter g'schehn? – – – Warum woant d' Muatter?

FANNY: I woass net, sie sagt nix, sie sitzt nur da und woant.

SOHN: Da muass doch was vorg'falln sein; hast mit der Muatter an Streit g'habt?

FANNY: Na Hans, i woass net, was d' Muatter hat!

SOHN: Da is was vorg'falln, i lass mir's net nehma! – Muatter red, hast Du mit der Fanny an Verdruss g'habt? Red Muatter!

FANNY: Hast D u was g'habt mit der Muatter, Hans?

SOHN: I komm grad von der Arbeit hoam, i woass von gar nix; i seh halt, dass d'Muatter da sitzt und woant.

FANNY: Seit Mittag sitzt s' so da, i kenn mi net aus mit ihr.

SOHN: Da stimmt was net, hast Du vielleicht d Muatter beleidigt?

FANNY: Na Hans, i tat dir's ja sag'n!

SOHN: I muass wiss'n, was da los is! Muatter, i bitt Di um alls in der Welt, sag mir's! Mir kannst alles anvertrau'n!

MUTTER: Liaber Bua, Du kannst mir doch nimmer helfen!

SOHN: Warum net, Muatter?

MUTTER: *(Mit zahnloser Stimme)* Mei liaber Bua, mir is heut mei letzter Zahn rausbrochen.

FANNY: Was is der Muatter passiert?

SOHN: *(aufs Höchste überrascht)* Aber Muatter! – – – – – Jetzt hätt i bald was g'sagt! – – – – – – – – Weg'n Deinem alten Zahn machst a solchas Theater! – – – I moan wunder was passiert is! – – – – – – – – – Solche kindische Witz kannst Dir mit einem Stiefkind erlaub'n, aber net mit dem eigenen Sohn! – – – – – Heuer wirst 80 Jahr' alt …

FANNY: Ja Muatter, 80 Jahr wirst heuer alt!

SOHN: … Jetzt moan i derfst bald aufhör'n mit Deiner verfluchten »Eitelkeit«!

Teppichklopfen

Teppichklopfgeräusch ...

KARLST Ja du Drecksau du dreckate, ja woast denn du net, dass ma im Stiagnhaus net Teppichklopfa derf – magst scho aufhörn gell, hör doch amal auf, sonst hetz i dir an Hausherrn nauf aufs Gnack, das'di auskennst willst jetzt net Blei aufhörn ha?

VALENT Ja sie schaug o, gehts di vielleicht was o, wenn i Teppich klopf, werd dir scho passen, gell weiblicher Hausmoasteraff – sie hoasst mi a Drecksau ...

KARLST Ja des bist a und jetzt hörst amal mit dem Klopfa auf und gehst schleunigst mit deine staubigen Perser in Hof hinter, da kannst dann klopfa, solang der Himmel blau is, aber im Stiagnhaus hörst ma auf mit dem Getös[.]

VALENT So, dös kannst ma du gar net vabieten, gell[.]

KARLST Sag liaber dein Hundsbuam er soll mir d'Milli bringa, gell, gestern hat ers erst um achte in der Früah daher bracht und um siebne muass mei Mo scho in d'Arbeit fort[.]

VALENT Geht ja mi nichts o, was der Bua ...

KARLST Und wenn ers morgn wieder um achte daher bringt, na reiss i eahm seine Senflöffen raus aus sein rothaareerten Kornmisloawekopf, gell und wirf'n sammt de Millekübeln üba d'Stiagn nunter, dacs 'd as woasst.

VALENT So, dös konnst ja probiern und konnst amal mein

Buam probeweis über d'Stiagn abewerfa, dann dakrei i Dir aba d'Fassad, dass 'd moanst, der Blitz hat di gstroaft, du alter Brotbrocka und von morgn ab kannst da dei Milli selber holn.

KARLST Ja dös tua i scho denn vor deim unapetittlichen Saubuam da graust ma ja scho lang und wennst du net selber so a Drecksau warst, na tatst eahm vorm Milleaustragn z'erst schneizen, gell, sonst dafallt er sich noch amal über sei eigne Rotzglock'n[.]

VALENT So – ich bin Gott sei Dank eine reinliche Person und über meine Kinder und über mei reelles Gschäft sagst ma nichts, du Z'sammag'schneckelter Hausmoastertrampel[.]

KARLST Dir gib i dann glei an Hausmoastertrampel gell – über dei reells G'schäft da sollst du a no rennomiern[.]

VALENT Du konnst mi[.]

KARLST Du bist ja wega deiner Gipswasserhandlung länger in Stadelheim drauss wia in deiner Milliburg, gell und jetzt will i dir no was sagn, wennst in deiner Wohnung koa Wasserlei[t]ung hättst, na warst ja a scho lang dahungert, denn dei dappiger Mo konn dich mit'n Zahnstocherschnitzeln net dahalten.

VALENT Ja – aber mein Mo tuast du aus'n Spiel lassen gell, du rinnaugate Hausmoasterdreckdrossel – gell zum poussiern war er dir scho recht g'wesen, wiast man damals auf der Redout ausspanna hättst wolln, aber er hat dir was g'huast.

KARLST Geh hör auf – hör auf – hör auf …

VALENT Du gräusslichs Wei…

KARLST Und dei gichtbrüchiger Millewaglhengst ja – der hat mich a scho amal am Peter und Paulitag in's Kaffehaus g'führt – bis jetzt hast as ja gar net gwusst, aba i

hab'n ja gar net mög'n, ich hab mi ja glei dünne g'macht
und hab'n sitzen lassen, weil i mit an solchan Stefften

VALENT Der hat scho dir nichts wolln[.]

KARLST wia dei Mo is, allerhand Aufsehgn eregn tat.

VALENT Ja mei Mo is auf di no net scharf gwesen, dös
machst mir net weiss. Auf dei 15 ctm Mai gibt dir mei
Mo koan Kuss und wenn er dir wirkli scho oan gebn
hat, dann woass i a jetzt, wo er sein letzten Rufa-
schmarrrn her hat[.]

KARLST Aber du konnst a koan Mo nimmer reizen mit
dein blatterngsteppten Rosenteint und deiner rosaroten
Warzen am Kinn du zahnluckate Salonrufa, dass 'd as
woasst, da geh her, wennst da traust, na hau i dir a
solchas[.]

VALENT Wer is a Salnnrufa?

Beide Schreien und raufen …

KARLST Dö ganzen Haar reisst's ma raus ahhh …

STIMME: Und wenn sie nicht gestorben sind, dann raufen
sie heute noch?

Sie weiss nicht, was sie will

(An einen Schalter des Arbeitsamtes)

BEAMTER *(zu einem Dienstmädchen):* Nun haben Sie mir Ihr Anliegen schon dreimal erklärt und ich bin noch nicht im Bilde, was Sie eigentlich wollen. Sie haben, wenn ich Sie recht verstehe, drei Arbeitsplätze als Zugeherin und wollen nun dafür eine Stelle annehmen in einem Altersheim.

DIENSTMÄDCHEN: Nein, ich bin gegenwärtig schon in Stellung, aber die Stellung im Altersheim in die ich erst kommen möchte, da bin ich noch nicht, weil die Frau Lorenz, bei der ich schon nicht ganz fünf Jahre bin, die sagt auch, wenn Sie beim Arbeitsamt noch nicht waren, da[nn] können S' immer noch die Stellung, wenn die Frau Assessor wo ich auch einen Zugehplatz habe, damit einverstanden ist, annehmen.

BEAMTER: Sie wollen also statt drei Arbeitsplätze eine Stellung haben in einem Altersheim[.]

DIENSTM: Nein, das muss nicht sein, weil ich mich nicht so schnell entschliessen kann, denn die Frau, wo ich wohne, hat gesagt, über[le]gen S' Ihnen das reiflich, so ein Schritt ist sehr riskant, der ihr Mann ist auch beim Magistrat und kennt die Fälle und der hat auch gemeint, wenn Sie sich verbessern können, warum nicht?

BEAMTER: Was hat da der Magistrat damit zu tun, dafür ist doch das Arbeitsamt da? Aber Sie stehen doch in Arbeit und einen Stellungswechsel müssen Sie bei mir anmelden, aber ich versteh' noch nicht recht, wollen Sie am i. d. M. in drei Arbeitsplätzen kündigen?

DIENSTM: Nein, das muss nicht sein, weil ich vorderhand noch bleib', ein Platz wäre mir halt bedeutend lieber, als drei Arbeitsplätze.

BEAMTER: Ja, wenns nicht sein muss, was wollen Sie dann am Arbeitsamt?

DIENSTM: Die Frau Pfeiffer hat aber zu mir gesagt, da müssen sie Ihnen ans Arbeitsamt wenden.

BEAMTER: Ja, was wollen Sie denn eigentlich wissen?

DIENSTM: Die Frau Pfeiffer hat gesagt, am Arbeitsamt kriegt man jederzeit Auskunft.

BEAMTER: Ich kann Ihnen doch nur eine Auskunft erteilen, wenn ich weiss, um was es sich handelt. Sie wissen aber, scheint selber nicht, was Sie eigentlich wollen.

DIENSTM: Jawohl!

BEAMTER: Was, jawohl?

DIENSTM: Ich weiss nur nicht, ob ich kündigen soll.

BEAMTER: Na, wenn Sie die Stellung im Altersheim annehmen, dann müssen Sie die anderen Plätze kündig ohne Kündigung können Sie nicht einfach davonlaufen.

DIENSTM: Ich kündige ungern. Schliesslich ist das im Altersheim nicht das Richtige für mich, und wenn ich aber gekündigt habe, dann muss ich die Stellung annehmen, ob ich will oder nicht.

BEAMTER: Aber Sie sagten doch vorhin, Sie wollen lieber einen Platz, als drei Arbeitsstellen.

DIENSTM.: Wenn's ein guter Platz ist, dann schon, ausserdem bleibe ich lieber, wo ich bin, weil das sehr nette Leute sind, und wenn ich da kündigen tu, da verklagen die mich, und so was lass ich mir nicht bieten.

BEAMTER: Na, wenn das nette Leute sind, die Sie nicht weglassen wollen, dann sind doch die Leute mit Ihnen zufrieden.

DIENSTM.: Das schon, ich will mich nur mit den Leuten nicht verfeinden.

BEAMTER: Na, dann bleiben Sie doch wo Sie sind.

DIENSTM.: Die Frau Pfeiffer hat aber gemeint, ich soll mir das reiflich überlegen, denn Arbeit gibts überall, weil, wenn, mein Bräutigam, der mich vielleicht heiratet, der hat zur Frau Finkenzeller g'sagt, wenn wir verheiratet sind, dann brauch' ich überhaupt nimmer in Stellung gehn.

BEAMTER: Na also! – dann heiraten Sie doch!

DIENSTM.: Heiraten? Nein. Da denk' ich noch gar nicht dran, schliesslich passen wir gar nicht z'samm, dann muss ich doch wieder in Stellung gehn. – Da bleib' ich schon lieber allein.

BEAMTER: Na, dann bleiben s' allein, und wenn Sie heiraten woll'n, dann müssen S' aufs Standesamt und nicht aufs Arbeitsamt gehen.

DIENSTM.: Mein Bräutigam will aber absolut heiraten!

BEAMTER: Na, gut! Dann heiraten Sie ihn halt »absolut«!

DIENSTM.: Heiraten tu ich auf jeden Fall, weil ich mir sag', lieber ein eigenes Heim, als bei fremden Leuten schuften.

BEAMTER: Mein liebes Fräulein, nun aber zur Sache! Wir kommen da von einem Quatsch in den anderen, was wollen S' denn eigentlich?

DIENSTM.: Im Altersheim hab' ich mich schon vorgestellt, und da hat die Frau Oberin g'sagt, dass es sehr viel Arbeit gibt, aber mir is' keine Arbeit zu viel, und ich

kann, wenn ich gekündigt habe, schon am Ersten anfangen, aber das fällt mir ja gar nicht ein, ich bin doch
nicht aufs Hirn g'falln.

BEAMTER: Nun sagen Sie wieder, Sie woll'n *nicht* ins
Altersheim?

DIENSTM.: Schon – aber binden lasse ich mich nicht.

BEAMTER: Das wird ja immer schwieriger mit Ihnen!

DIENSTM.: Die Frau Pfeiffer hat auch g'sagt, das Altersheim ist städtisch. Wer da drin is', der is' drin, der
kommt so schnell nimmer raus.

BEAMTER: Sind S' doch froh, wenn S' wo drin sind, mir
ist es ja egal, ob S' drin sind oder heraussen, jetzt sagen
S' mir amal endlich, was Sie woll'n.

DIENSTM.: Ich will die Bescheinigung vom Arbeitsamt.

BEAMTER: Ja, was woll'n Sie denn für eine Bescheinigung?
Eine Bestätigung meinen Sie vielleicht?

DIENSTM.: Ja, [o]b ich die Stelle annehmen muss, wenn
ich kündigen tu.

BEAMTER: Sie brauchen doch erst zu kündigen, wenn Sie
sich entschlossen haben, dass Sie einen Stellungswechsel vorhaben, begreifen Sie denn das nicht?

DIENSTM.: Bis wann soll ich das vornehmen?

BEAMTER: Bis wann? – Das weiss doch ich nicht –, das
müssen doch Sie wissen.

DIENSTM.: So schnell will ich mich noch nicht entschliessen, weil ich nicht weiss, ob's mein'm Bräutigam recht
ist, weil, wenn der sagt, ich soll die Stellung unbedingt
annehmen im Altersheim, dann kann ich immer noch
tun, was ich will.

BEAMTER: Jetzt wird's allmählich Zeit, dass Sie zu einem
Entschluss kommen, denn ich hab' ja schliesslich auch
noch was anderes zu tun.

DIENSTM.: Muss ich dann der Frau Pfeiffer sagen, dass ich am Arbeitsamt war?

BEAMTER: *(schreit sie an)* Ja, sagen Sie's ihr!

DIENSTM.: Ich überleg' mir's halt jetzt nochmal, was ich tun soll, und dann komm ich wieder zu Ihnen.

BEAMTER: Um Gottes willen!!! – Dann überleg'n Sie's Ihnen lieber nicht.

Geschäftsleute

Ein zeitgemäßer Dialog

FRAU: *(Es hat geläutet an der Wohnungstüre)* Jessas na! – Wer werd denn dös wieder sei?

MANN: *(Zimmermann)* Grüaß God, Frau!

FRAU: Ah! Dös is ja der Herr…

MANN: Da Zimmermann!

FRAU: Zimmermann? – Nachm Nama nach kenn i eana eigentlich, weniger.

MANN: Nachm Nama nach hoaß i net Zimmermann. – I bin a Zimmermann.

FRAU: Ah! Sie san a Zimmermann.

MANN: Ja – Sie ham doch nach mir gschickt – was is denn los?

FRAU: Jessas … zammgramt hab i heut no gar net – ausschaun tuts bei mir … dös is schrecklich – genga S' nur rein zu mir.

MANN: Frau! I hab net vui Zeit. Sie ham vor acht Tag eanan Buam zu mir gschickt, i soll kemma – wo fehlts denn? I hab, sovui Arbat, a jede Minutn muaß i ma wegstehln – alle Augenblick kemma d' Leut mit so Kloanigkeiten daher, und bei jedem pressierts. – Kürzli a bei [oa]n, habs eam glei gmacht, weil er a so gwinslt hot, »er muaß heit no habn« – seit 6 Wochn liegt dös Glump heut no bei mir in da Werkstatt – heit hat ers no net gholt.

FRAU: Ja, ja, solchane Leut gibts – i bin grad 's Gegenteil. – Meine Hausschua hab i gestern zum Schuasta tragn: In a paar Tag hat er gsagt, sans fertig. – I bin aba glei am andern Tag scho nüba – mei! hat mi der zammagstaucht! – »Moana S' i konn hexn« hat er gsagt. – Bald hätt er mi aus seiner Werkstatt aussigschmissn.

MANN: Dös hätt i a do.

FRAU: Was sagn S'?

MANN: I hätt Eana a nausgschmissn aus meiner Werkstatt.

FRAU: Aus Eana Werkstatt? – Ja, in e[a]nana Werkstatt war i ja noch gar nia drinn – – dös war ja beim Schuasta.

MANN: Frau, erzähln S' ma jetz nix, sondern sagn S' ma, was bei Eana zmacha is – i hab net vui Zeit.

FRAU: Freili hab i zu Eana gschickt, Sie sonn zu mir rüber kemma aba dös war ja scho vor acht Tag. – Moana S', mir fallts jetzt ein, was i von Eana wolln hab?

MANN: Ja Kreuz Himmi Sakra – was buidn S' denn Eana eigentlich ein, i laß d' Arbat dahoam steh, lauf bis zu Eana rüba, versäum an Haufa Zeit, und jetzt weil i da bin, wissn S' net, was von mir wolln. – Dös is ma doch a no net passiert. – Was schicka S' denn na nüba, daß i kemma soll?

FRAU: Ja, i bin Eana ja dankbar, daß Sie herkemma san.

MANN: Für was wolln S' na denn dankbar sei, wenn i no gar nix gmacht hab?

FRAU: So, dös is ja recht nett von Eana. – Kann i vielleicht was dafür, daß mir durchn Krieg so dappi worn san? – Sie kemma ma grad recht! Wenn S' koa Geduld ham, solang bis ma eingfalln is, dann gebn S' Eana Gschäft auf – i muaß mi a stundenlang vorn Milliladn hinstelln und wartn, bis i a Milli kriag.

MANN: I hab koa Milligschäft – i bin a Zimmamann, merkn S' Eana dös. Und wenn S' jetzt net glei sagn, was S' wolln vo mir, dann geh i wida –.

FRAU: Ja mei, mir fallts halt jetzt momentan net ein und wenn S ma an Kopf runta reißn.

MANN: Na, den brauch i net! So an saudumma Kopf hab i selba.

FRAU: Gell – a Fenster kenna Sie net einglasn?

MANN: Na! I bin koa Glasa – i bin a Zimmamo.

FRAU: Na, in meine Zimma is alles in Ordnung.

MANN: Bis auf d' Ordnung – wia i grad sieg.

FRAU: Was sagn S'?

MANN: Bis auf den Saustall – wenn S' dös bessa verstehn.

FRAU: Jessas, jetzt fallts ma grad ein, weil S' vom Saustall redn, jetzt woaß is, warum daß i Eana holn hab lassn, wegn unserm Hasnstall im Gartn drauß – da is da Bodn dafeit und da ghöratn a paar neue Bretta hingnaglt.

MANN: Und wega dem altn Hasnstall sprenga Sie mich zu Eana her?

FRAU: Ja, i kann doch mein Hasnstall mit de Hasn net zu Eana in d' Werkstatt nüba fahrn, noch dazua, wo ma no junge Hasn dazu kriagt ham.

MANN: Ja, Sie blöds Fraunzimma, – konn i vielleicht an den Hasnstall an neuen Bodn nei macha, wenn d' Hasn no drinn san?

FRAU: Sie braucha mi gar koa blöds Fraunzimma hoaßn – dö paar Brettln konn mei Mo a hinnagln, da braucht ma schließlich koan Fachmann dazua. – Es kommt scho wieda a Zeit, wo d' Gschäftsleut auf uns angwiesn san.

MANN: Ja ja, dös müaß ma leida jetzt oft hörn und dös stimmt a – dö Zeit kummt sicha wieda, wo mir auf d'

Kundschaft angwiesn san – aber net auf solche Kundschaftn, wia Sie oane san. Und jetzt kenna Sie mi … dös hoaßt mir – »mein Hobl ausblasn«, schöne Frau. Pfüad Eana Gott.

Eine Frau aus dem Volke

Auf Wiedersehn! – – Jessas ganz dappe bin i scho – auf Wiedersehn sag i – anstatt Gutn Morgn – a – Guten Abend. – Mein Gedächtnis lässt auch schon nichts zu wünschen übrig – die jetzige Ernährung macht sich bemerksam – ja! – Zu wenig Kategorien – Kartoffeln sind ja ernährend, aber – allzuviel ist ungesund – heisst ein altes Sprichwort. – – Was ich sagen wollte – gestern war ich beim Arzt, wegen meine Fiess – nicht soviel stehen hat der Herr Arzt gesagt – dös kann der leicht sagen, heutzutage, wo eine Hausfrau sich in jedem Geschäft stundenlang anstehn muss – mehr liegen hat er gesagt – Schmarrn! I kann mi doch riet vorn Bäckerladen aufs dreckige Trottoir hinlegn, bis i dro kimm! – Magenverstimmung hab ich auch, hat der Doktor gesagt – Kunststück – bei der Hungerleiderei, da kann der gsündeste Magen keine gute Stimmung habn – Fleischspeisen soll ich so gut wie's geht vermeiden – so, so, – so gut als geht – ja ja, das geht sicher, Herr Doktor, hab ich gsagt – und keinen Zucker – o, das ist bitter – und ich hab in Kaffee immer glei 3 bis 4 Stückel neigetan, – allerdings *vor* 1914! – – – Recht schöne Grüsse soll ich Ihnen ausrichten von meiner Tochter Frieda – mei is die jetzt mager worn, direkt beängstigend – mager is die – heuer im Sommer hats unser Onkel Franz im Englischen Garten am Monopopterus – a Monopterus – drobn fotografiert – wie er uns dann die Bilder bracht hat, war mei Frieda gar nicht drauf – so mager is die –. Und mei Mann erst, der hat während dem Krieg 60 Mark verloren – Mark sag ich – i Rindvieh, Pfund wollt ich sagen, aus Spass hab ich dann zu mein Mann gsagt – er soll in der neuen Zeitung eine Annonce aufgebn – »60 Pfund wurden verloren – abzugeben gegen gute Belohnung« usw. – Dann war er eingschnappt – da brauchst doch net eingschnappt sei, sei froh, dass d'n verlorn hast, wennst heut den Trumm Schmerbauch noch häst, tat'n d'Leut höchstens sagn, dös is sicher a oana vo de Andern, dem wos 12 Jahr lang gut ganga is! – Ja, ja, – aber Schwamm drüber – ja, koan Schwamm gibts ja nimmer, d'Schwämm san ja vom Ausland kumma, die san auf dem Meeresgrund gwachsn – weils bei uns im Kleinhessloher See nicht gedeihn – höchstens in die Wälder Schwammerl – und die fress'n ma, die tun mir nirgends drüber –. Ja, so is die Geschichte, von der Tante und von der Nichte – ja denkens Ihnen nur – mei Sohn, der Ignatz – wir haben halt immer Nazi dazu gsagt – jetzt sagn wir wieder Ignatz – zwegn de leit – ja der Ignatz – gestern kam er ganz traurig und derdepft von seinem Büro heim, er is Buchbinder – a Buchhalter in der Bibliothekenbank – ja sag i was hast denn – kündigt hams ma – um Gottswilln hab i gsagt – was hast denn angstellt? – Nix, sagt er. – Wegen nix wird oam net gekündigt, hab i gsagt, dann hat er mir leise etwas ins Ohr geflüstert – Gell hab ich gsagt, das war vorauszusehn, aber sigst i hab damals doch recht ghabt wie ich immer zu Dir gsagt hab – als Pimpf, hast Du keine Zukunft, – jetzt hast es – jetzt kannst mit Deiner Fanfaren trompeten, alle Jahr zum Neujahr anblasen gehn, du dappiger Bua – du dappiger – Nix als Kummer und Sorgen, das ist heute die Dewise. – – – Neue Schuh brauchat i a wieder, die wo i anhab, da san auch schon d'Sohln durch – aber nur bei einem, ich glaub dass i mit dem weiter ganga bin, als wia mit dem andern – Ach ja, hint und vorn stimmts nicht mehr – auf der Welt – haben sie geglaubt bei mir? Nein, danke ich bin soweit noch ganz gut beisammen, wenigstens bin ich noch zuversichtlich – ich sag immer – jetzt hammas bald hinter uns, dann gehts wieder aufwärts – bald sind wir über den Berg – drüben – dann gehts wieder – – – bergabwärts – hoffentlich kommt gleich wieder ein anderer Berg, dass es wieder bergauf-wärts geht, es ist halt ein fortwährendes Auf und ab – latei-nisch ausgedrückt: Perliko, Perlako! – Wir müssen halt Geduld haben – Geduld bringt Rosen – Also die Zukunft bringt uns Rosen – aber die machen uns auch nicht fett – das Sprichwort Geduld bringt Rosen, klingt sehr dichte-risch, aber »Geduld bringt Schweinefettn« wäre uns heute lieber! –

Ja –, was ich noch sagen wollte, – Gestern Abend haben wir in unsererm Küchenkastenschubladn einen alten Fra-gebogen vom 3. Reich gefunden – a mir ham glacht – was die damals alles von de Leut wissen wollten, dös war grass – mindestens 60 Fragen mussten beantwortet wer-den, schreibe und sage, 60 Fragen – die Abstammung des Urgrossvaters, des Grossvaters, des Vaters, des Sohnes und des – – – – – – und die Abstammung der Urgrossmut-ter, der Grossmutter, der Mutter, der Tochter, des Kindes, bald hättens noch wissen wolln, ob der Kanarievogel auch eine reine Abstammung gehabt hat – und dabei warn diese Fragebögen so gross, dass man mit einem Dutzend solcher Bögen ein Zimmer tapezieren hätt können und dazu hat es im Vierjahresplan geheissen – Papier sparen! Papier spa-ren!! S'Volk hats Papier sparen müssen – alte Strassenbahnbilletten hat das Volk gesammelt zu hinterlistigen Zwecken – – ach ja –, das war eine schreckliche Zeit – aber – – überlebt hammas –, und – – – das ist die Hauptsache. Und jetzt haben wir halt die Nachwehen des Krieges – Hunger '– Not und Elend *(Seufzer)* ja! ja, aber a bisserl haben wirs schon verdient – a kleins bisserl, wie waren wir unzufrieden, in der guten alten Zeit. – Haben wir einmal auf unsern schönen alten Petersturm naufgschaut und haben das schöne goldene Kreuz bewundert? Auf d'Uhr haben wir höchstens gschaut, wenn ma aufn Marienplatz gstanden sind, und geärgert und gschimpft haben wir, wenns vor oder nachganga is – jetzt – weil er hin is, der schöne alte Peter, jetzt schaugn alle nauf – wos Kreuz – – – – gwesen is –. Was is in dem Hofbräuhaus gemasselt worn – über des gute Bier, d'Komiker haben gsunga: Die Münchner Bräuer, die brauen mit Dampfkraft ihr Bier – die Kraft behalts selber – und den Dampf den kriegen wir –. Jetzt wären wir froh, wenn ma so an 12 prozentigen Dampf hätten – Einen Damenhut wenn man sich gekauft hat, – hat die Modistin ein paar Dutzend Hüte in allen Fassonen daher zarrt – koana hat unserem Geschmack entsprochen – heut wickeln sich die Weiber a altes Halstücherl um das Haupt – und der türkische Turban is fertig – Im Konditorei-Kaffee san mir Weiber alle Nachmittag drinn gsessn und haben Kremschnitten, Prinzregenten- und Giraffentorten verschlungen – heut wenn ma a übrigs halbes Pfund graues Mehl dahoam hat, wird ohne Butter-Schmalz, Eier und Zucker ein Kuchen gebacken und wennst nacha einibeisst, dann woasst net, hast in an alten Ledergeldbeutel, oder in an alten Fussabstreifer einibissn, so geschmackvoll – – schmeckt er –. Mitn Trambahnfahren is genau so – unsere schönen weissblauen Strassenbahnwägen waren doch die reinsten Strassen-Luxuszüge mit allen Bequemlichkeiten ausgestattet – Gschimpft haben die Münchner, wie Rohrspatzen, wenns nur 1 minute auf die nächste Strassenbahn haben warten müssen, – wenn amal s'Stangerl rausganga is, haben gespöttelt – das ist der Triumpf der Technik habens gsagt – an magistratischen Folterkarm habens d'Strassenbahn ghoassn – und heut – heut hängens dutzendweis wie die Weintrauben an die Türen dran und halten fest und treu zusammen – ja, ja, wenn man was verloren hat, erkennt man erst den Wert. Und wenns amal wieder so schön wird, wies gwesn is, na masseins genau wieder so – hab ich net recht? Ja, ja so is, und wirds auch bleiben in Ewigkeit – Amen – Die Leut müssen einmal geläutert werden, die Menschen sind heut so bös – besonders die Nachbarn in unserem Haus, da gehts auch oft zua sag ich Ihnen, wenns schon ein einem Haus riet stimmt, wie solls dann auf der ganzen Welt stimmen – Mir sind 10 Parteien – es genügte ja schon »eine Partei«, aber gleich 10 Stück Parteien – das ist zuviel. Aber Ich kenne keine Parteien mehr – so hat einmal der Herr Deutsche Kaiser gsagt – a solches Gschwerl wie in unserem Haus wohnt, das ist geradezu rigoros! – Neben unserer Hausmeisterin in Parterr wohnt seit cirka 20 Jahren ein Berliner, ein Preusse – der gibt an in unserem Haus, da Hausherr selbst ein Münchner hat ja wenig zu sagen – dös is ja a guata Lapp. Vor a paar Tag hat der Herr Schulze mit der Frau Hausmeisterin einen Streit gehabt, weil er heute noch 4 halbzerrissene Luftschutzsandtüten neben seiner Haustüre stehn hat – die lassen Sie mal jefälligst an dem Platze, det bestimme ick, wenn die weggeräumt werden, ihr bayrischen Seppl glaubt wohl, wir Preussen sind dusslig – So, dös hat der ausgerechnet zu unserer Hausmeisterin gsagt – einer echten Münchnerin. Unsere Hausmeisterin ist ja ein Mistviech, aber – eine Seele von einem Menschen – was moanas, wie die den Herrn Schulze überfahren hat – wer is a bayrischer Seppl – wer hart denn die aufgefordert, dass Du dich in unserem bayrischen Seppl-Land einnisten sollst – Wer hat denn uns den weltberühmten preussischen Militarismus serviert? – Jetzt derfn mir ja gottseidank reden, wia uns ums Herz is, jetzt hamma ja Redefreiheit – der uns da hinbracht hat, wo ma jetzt san. – Wer is denn scharenweise nauf auf unsere bayrischen Berg, umanandakraxelt, dass mir sc[h]o bald selber koan Platz mehr ghabt habn – wer hat sich denn an jedem schönen Fleckerl in die bayrischen Berg a Mordstrumm Villa hinbaut, ös doch – und ös hoassts uns doof? – Mei hats die eahm gsagt – der is mim Horcha gar nimma mittkemma – Wat denn, – wat denn, hat er immer gesagt, nu machen Sie aber jefälligst einen Punkt – Säh, hats gsagt, da hast an Punkt, und hat eahm a Trumm Watschn gebn – ja, die hat doch recht ghabt – dass er a Preuss is, kann er nix dafür, aber frech braucht er riet sei, noch dazu bei uns als Gast. – Aber dös is ja, wir Bayern sind ja viel zu woach, viel zu weich, wir hätten immer so steinhart sein solln wie nach den Fliegerangriffen, da waren wir wirklich steinhart – schrieb der Völkische Beobachter. – – – Ja ja so gehts – was sagen Sie zu dem neuen Schulunterricht – neben uns wohnt ein Herr Verwalter und dem sein kleiner Walter, der is auch heuer in die Schul kommen und diesem Herrn Verwalter sein Sohn Walter kommt öfters zu uns rüber, mei Mann mag die Kinder recht gern und der kleine Walter vom Herrn Verwalter ist sehr auffassungsbegabt. Nur mit den römischen Ziffern auf der Uhr kommt er nicht recht mit, und deshalb hats ihm mein Mann auf seiner Taschenuhr erklärt, – – – siegst Walter, hat er gsagt, das hier ist der Einser, das hier der Zweier, das hierder Dreier und das der Vierer – – – das ist der »Führer« uhi – hat der Walter gsagt, des derfens nimmer sagn, da werns von de Amerikaner aufghängt – – Gellns so vorsichtig muss ma heut sein, – de Kinder schnappen alles auf – ja die Kindererziehung ist heute von bedeutender Bedeutung – dös hat der Radio schon immer gsagt vor 6 Jahren. Ein fanatisches Problem hat er gsagt, ist heute die Erziehung unserer Jugend, sie ist unser Garant, aus der deutschen Jugend holen wir unsere Soldatten, dös haben doch unsere Kinder alles mitangehört, darum san unsere Buam so narrisch worn und hätten schon mit 6 Jahr zum Militär einrücken wollen. Und die schönen Lieder wos am Radio gehört haben – Auf auf zum Kampf, zum Kampf sind wir geboren – und das andere Lied – Und wir fahren gegen Engeland – bum bum – dawei sind wir gar riet nübergfahrn, aber d'Engländer san zu uns rüberkemma – Und das Lied erst – Haltet aus im Sturmgebraus! Das haben wir gemacht, – wir hielten aus – und darum is jetzt aus – An jeden kloan Buam in Deutschland, der sich heut aus Zeitungspapier einen Soldatenhelm macht, dem gehört der Popo ghaut – Nieder mit den Spielzeugfabriken, die Bleisoldaten giessen, mich sollns amal reden lassen im Reichstag, da könntens was erleben – »Meine Herren Abgeordneten«! Jessas jetzt bin i ganz in d'Politik neikumma – Ach die Politik – man hört nix mehr wie Politik, und wieder Politik, zum Hals möchts einem rauswachsen – – – Red ma von was anderen – – – – Ich weiss nicht was ich morgen kochen soll – heut z'Mittag haben wir zweierlei Kraut ghabt, a Weisskraut und a Blaukraut zammpasst hats ha nicht recht im Gschmack, aber die Farben – weiss und blau – der alten bayrischen Tradtition zuliebe habn wirs mit grösstem Appetit verspeist. Wenn wir Bayern, wie das anno 1866 der Fall war – – jessas, jessas, bin ich scho wieder in die Politik neikumma – – – Jetzt mag i nimma, i geh – Pfüa Gott miteinander! (*hebt dabei die rechte Hand zum Hitlergruss, schlägt aber sofort mit der linken Hand auf die rechte hinauf und meint und sagt unterm Weggehen:* Saudumme Angewohnheit!)

Quo vadis

Also gestern war ein direkter Freudentag für mich. Sagt mein Mann zu mir: Kreszenz, heut gehn wir in das neue Kinematographen-Theater nüber und schaugn uns das große Filmdrama an – Quo vadis – das soll großartig sein.

Ich hab mich z'sammagschneckelt (angezogen) so gut als halt noch geht und um ½2 Uhr san ma scho vorm Kino dort gestanden. Wir ham gmeint, mir komma noch z'früh, daweil san da Menschen dort gstanden, hingrafft ham sie sich zu dera Kasse wie die Wilden.

Ich und mein Alter san gleich an die Kasse hin und ham g'schaut, was die Billetten kosten.

»Mögts Euch schon hinten anstelln!« schreit so a junges Frauenzimma. – »Wird Ihnen schon passen«, sag ich, »wenn ma zuerst schaun, was es kost; das wissen wir schon selber, daß wir uns hinten anstellen müssen. Sie schaug o, 's rotzige Zimmamadl.«

Mei Mann packt mich gleich am Arm und will mich z'ruckziehn, reißt mir aber von meiner neuen Blusen an halberten Ärmel runter. »No, Lackl«, sag ich, »jetzt schau Dich wieder an, was Du wieder gmacht hast, ich sag ja, wiast halt Du was in Dei Pratzen (Hand) nimmst, is schon hin auch.«

»Aber deshalb brauchen Sie Ihren Mann aa koan Lackl hoaßen«, sagt *sie* drauf, die ganz andere, »weil Ihna Sie mit Ihrem Schnacklkopf auch dö Blusen net selber kauft ham«. »Haltens fei eahna Maul, Sie gschnappige Person und mischens Ihna nicht in Familienangelegenheiten, sonst stoß ich Ihna naus aus der Reihe der ›Angestellten‹.« – Und dann ham mir die Gescheiteren gemacht und haben uns hinten angestellt bis mir die Billetten ghabt ham.

Punkt 2 Uhr hams uns hineinlassen. Ich hätt ja den schönsten Platz erwischt, aber natürlich, der langweilige Herr Gatte, der beim hellichten Tag schon zu langsam schaut, ist im finsteren Zuschauerraum umeinandergetappt wia a junger Hund, der im Wasser an Hundstapperer macht. »Ich sich ja nichts, ich sieh ja nichts«, hat er allaweil gschrian und wenn ihn ich nicht auf einen Platz hingesetzt hätt wie ein Schullehrer einen A-B-C-Schützen, dann hätt er die Kinoleinwand auch noch durchgrennt mit seinem Gipskopf. Einen schlechten Platz ham wir erwischt in einer Nischen drin; vor uns ist glücklicherweise ein Mordstrumm viereckige Säuln gstanden. »So, jetzt haben wir's«, hab i zu meim Mann gsagt, »jetzt kannst ums Eck nüber schaun oder Du kannst Dir um den Eintritt zwei Stunden lang die viereckige Säuln betrachten.«

»Ach, möchtens net so freundlich sein, Herr Nachbar«, sag ich zu dem Herrn, der neben mir gesessen ist, »und möchtens ein wenig nach links nüber rücken, daß wir besser vorsehn.« »Das könnens Ihnen denken«, sagt der, »ich bin schon ganz narrisch, wenn Ihna die Säuln geniert, dann streckens halt Ihr'n Ganskragen um die Säuln nüber.« »Ich dank recht schön, Herr Nachbar«, hab ich gsagt, »Sie sind halt ein liebenswürdiger Mensch«, und dann hab ich mir beim ersten Akt den Hals so verdreht, daß ich ausgschaut hab wie ein erdrosselter Flamingo im Zoologischen Garten. Also gschimpft hab ich so viel in dem Kino drin, daß ich bald die Klaviermusik übertönt hätte. Auf einmal schreit einer von der hinteren Reihe zu mir vor: »Gell, tuns fei bald Ihre Gebiß-Schatulle zumachen, sonst falln Ihna noch die ganzen Beißperlen raus, wo Ihna die Ortskrankenkasse die Hälfte dazu gezahlt hat.« Jetzt schaun S' eine solche Frechheit an und darfst nichts sagen, sonst kriegst noch Prügel auch.

Vor mir sitzt so ein Lucki, hat an Koks (Hut) auf und weil ich halt a bisserl klein bin, sieh ich natürlich nichts wegen dem sein' Hut. »Ach, möchten nicht so freundlich sein, schöner Herr, und möchten Ihren Stops (Hut) runtertun, weil ich sonst nichts sehe«; und weil er nicht gleich darauf reagiert hat, hab ich ihm mit meinem Zeigefinger von hinten ein wenig auf die Achsel hinaufgstupft. Der schaut um und staucht (schimpft) mich gleich so zusammen.

»Tu mich fei noch einmal betupfen dahinten, dann heb ich Dich raus aus die Klappsitz, alte Hyazinthn. Und jetzt, mein ich, wirst es packen mitn Stillentium, gräuslicher Hausaff.«

Jetzt bin ich narrisch worden. – »Wer ist a alter Hausaff?« hab ich g'sagt und hab dem Schlawinerbuben von hinten meine zehn Fingernägel so ins Genick neingsetzt, daß er gemeint hat, er hat seinen Kopf in eine Roßhaarzupfmaschine neibracht.

Mei Mann will mir helfen, der dumme Depp packt mich in der Finsternis und haut mir oane nach der andern runter. Der Platzanweiser hat sich mit seiner Uhrketten in meinen Lockenchignon verwickelt, die Leut haben alle geschrien: »Licht, Licht!«, und bis wir uns besonnen haben, war schon Licht – aber Tageslicht, sind wir schon auf der Straße draußen gelegen. Ausgeschaut ham mir, als wenn wir 14 Tage in einem feindlichen Stacheldrahtverhau drin gehängt wären. Ganz verhaut und zerfetzt sind wir von dannen gezogen. Beim Heimgehn sind uns die Schulkinder alle noch nach und ham g'schrien: »Ah, ah, Mann und Frau im Essigkrug.« Vor der Wohnungstüre angekommen, hab ich erst gemerkt, daß ich bei dieser Rauferei mein Tascherl mit die Wohnungsschlüssel verloren hab. Ich mußte in dem Verzug zum Schlosser laufen, der war natürlich nicht daheim, jetzt haben uns mein Mann und ich den ganzen Nachmittag im Stiegenhaus aufs Fensterbrettl gsetzt und haben auf den Schlosser gewartet und anstatt zur Erinnerung an das schöne Filmdrama »Quo vadis« haben wir beide geseufzt »O fad wars!«

Die Hausmoasterin

I bin de Hausmoasterin von de Bavariahäuser vierzehn und fufzehni. Jetzt schauns eahna o, wia ma oft in a bluatige Tratscherei neikemma ko, mach i gestern in da Fruah um siemi d'Haustür auf und wui an Millikübi einitoa, den wo mir da Millibua alle Tag vor d'Tür onistellt, wei i und mei Alter so fruah no net aufstenga – wer aber gestern net vor der Tür drauß gstandn is, des war da Millikübi. I, no net gscheit ozogn, no net frisiert, wui glei zu da Hofarin, unsera Millifrau ummibretschn, dawei kimmt da Millibua schö pomadi über d'Stiagn aufakrabet. »Tua de fei Du wia a Gütazug daherschleicha, schäbiger Millibankert«, hab i gsagt, »wost woaßt, daß ma auf d'Milli wartn«, und hab an Buam oane gwischt, daß eahm glei da Millikiibi auskemma is. »Dös sag i meiner Mutter«, hat er blärrt und is davo wie da Teifi. – »Ja, sags ihr nur Deiner Muatter«, hab ich gesagt, »Bankert, unzeitiger, und laß de nimma dablicka, sonst reiß i Dir deine Senflöffn raus aus Dein rotharatn Kommisloabikopf.« – Dauert gar net lang, kimmt scho sei saubane Mutta daher. »Wer hat denn da mein Gusti a Schelln gebn?« sagt sie zu mir, »tua Di fei Du no oamal an meine Kinder vergreifa, Du alter Brotbrocka, na dakrei i Dir dei Fassad, daß D'moanst, da Blitz hat Di' gstroaft.« – »Ja, Du unappetittliche Millitandlerin, Du hoaßt mi an altn Brotbrocka«, hab i gsagt, »natürli hab i Dein schäbigen Buam a Watschn gebn und dös reut mi aa net, bloß grausen tuts mir, daß 'en ogrührt hab, den Rotzer und wennst'n 's nächste Mal wieder zum Milliaustragn schickst, na tuast eahm zerst schneitzn, sunst dafallt er sich noch amal über sei eigene Rotzglockn.« – »I bin Gott sei Dank a reinliche Person und über meine Kinda und über mei reells Gschäft sagst mir nixen, Du Hausmoastaschuxn, Du z'sammgschneckelte«, sagte sie zu mir. »Ja«, sag i, »Dir gib i nacha a Hausmoastaschuxn, über Dei reelles Gschäft sollst aa no renommieren, Du bist ja wega Deiner Gipswasserhandlung länger in Stadelheim drauß, als wia in Deiner Milliburg und wennst in Deiner Wohnung koa Wasserleitung hättst, dann wärst ja scho lang auf da Gant, denn Dei dappiga Mo«, hab i gsagt, »ko de mitn Zahnstochaschnitzln net dahaltn!« – »Mein Mo«, hat sie gsagt, »tuast ma ausn Spui laßn, Du rinnaugade Hausmoastadreckdrossel, zum poussiern waar er Dir scho recht gwen, wiast man damals auf der Münchnerkindlkellerredoutn ausspanna häst wohn, aber der hat Dir was ghuast«, schauns a solche Gemeinheit an. – »Und Dei gichtbrüchiger Milliwaglhengst«, hab i zu ihr gsagt, »is ja aa scho auf mi gflogn und hat mich am Peter- und Paulitag in russischen Teesalon gführt, aber i hab mi glei dünn gmacht und habn sitzn lassn, weil i mit koan solchen Straßenkletze, wia Dei Mo is, koa schmutzigs Verhältnis okuppel«. »Mei Mo«, hat sie gsagt, »is auf Di' no riet gflogn, das machst mir net weis, auf dei 15 Zentimetermai gibt Dir mei Mo koan Kuß und wenn er Dir scho oan gebn hat, dann woaß i ja jetzt, wo er sein letztn Rufaschmarrn her hat.« – »Aber Du kost aa koan Mann nimmer reizen mit Dein blatterngesteppten Rosenteint und mit Deiner rosaroten Warzen am Kinn, Du zahnluckate Salonrufa und jetzt schaugst, daß D' aus unsern Haus außi kimmst, sunst schmeiß i Di' über d'Stiagn obi, daß D' drei Tag von Teifi traamst, auf Dei Minilieferung is von heut ab ghuast«, hab i zu ihr gsagt, hab mei Haustür zuaghaut und hab des gemeine Frauenzimmer ignoriert, denn mit einem so ordinären Menschen mag i nichts zu tun haben. Hab i net recht?

Kreszenz Hiagelwimpft

Kreszenz Hiagelwimpft ist die Gattin eines hiesigen Gross-kaufmanns, aus der goldenen Inflationszeit 1919 usw. Lassen wir sie selbst reden:

»Was moanas, wie schnell wir uns empor g'schwunga ham, – nix ham ma ghabt i und mei Mo, – nix – als wia a kloans Kind. Aber mit Kleinem fängt man an, und mit Grossem hört man auf. Und heut hätt ma so ziemlich alles, was unser Herz begehrt. Alles könn ma uns kaffa, beinand sann ma, dass 's zwischen der Burgoassi und uns, koan Unterschied gibt. –

Blos 's Mai wenn ma aufmacha, dann san ma verlorn, dann hauts uns naus aus der Rolln, zwega der Haidhauser Grammatik. Drum muass i jetzt von mein Mo aus Anstandskurse mitmacha, in der Anstandsanstalt beim Knigge. Voraussichtlich bleib ja i im ersten Kursus scho hocka, wie a erster Klassier, weils i halt gar net recht dapacka konn, mit der Bildung. – Wia gestern bei meiner Friseuse, bei der Frau Speer in der Sendlingerstrasse, hab i mi wieder in Gedanken vergessen, und hab mei Giesinger Abstammung öffentli bekannt geben, weil mir dö kletzerte Friseuse a so a gräussliche Mohnweckerlfrisur aufs Haupt aufidraht hat, dass mir mindestens fünfhundert Schulbuben nachglaufen warn, wenn i damit auf d'Strass ausse war. – ›Moanst, dass i mit dera Bollnfrisur aus dem zwölften Jahrhundert Spiessruaten laffa tua – an Bubikopf schneidst ma – aha schleunigst – mit sämtlichen Raffinessen der Gegenwart und Zukunft‹ – hab i zu der Ondolischuxn gsagt. [›]Und verschneidn blstn tuast, na pack i di so lang beim Schlund bist an Geist aushauchst.[‹] In dem feina Schuahladen beim   ists ma a so ganga. Hab i mi auch wieder vergessen. Da hab i mir feine Schuah kaffa wolln, feine Lack mit Pariser Goldbrokateinsätze. Zwoa volle Stund bin i strumpfsockert in dem Ladn drinn ghockt. Moanas i war dro kemma? Auf oanmal ists mir z'dumm worn. Jetzt bin i aufganga wia d'Morgensonne. ›Ja du windiger Ladenratz hab i zu dera Verkäuferin gsagt. Tua fei ja net launenhaft sei, und beicht amal wia oft dass d' jetzt bei mir no vorbei saust, wennst sigst, dass ma pressiert. Wiast mi net augenblickli prompt bedienst, dann fahr i dir strumpfsockert in d'Nasenlöcher nei, dass'd dastickst.‹ Aber da hats ihr auf einmal pressiert, und glei ists mit zwölf Schachteln Damenschläuch angruckt. ›Was willst denn da mit dera Schachtel? Inhalt Schuahnummer fünfunddreissig. Moanst i bin im Säuglingheim auskemma? [‹] – Mit drei Paar 42er hab ich das Schuhasyl verlassen, bin aus'n Laden zornig raustanzt, in mein Auto eingstiegn, und meinem Schauffeur befohlen: Alise reib auf, hoam gehts.

– – O mei, unser trautes Heim solln Sie amal dalurn, da kanntens Ihna amal a paar Stund lang an am Reichtum ergötzen. Eine zwölf Zimmerwohnung ham ma uns zuaglegt, ist ja nix a – an Rokokokoko Salon sollns sehn, mit de gschneckelten Säuln und de Persischen Fussabstreifer. Und das glänzerte Speisemahagoni-Zimmer aus der Zeit Lugge des Vierzehnten. De elektrische Trambahn kenna ja mir nur vom Sehngn. Mir ham in unseren Autostall an unhässlichen Mercedes und einen Maybach Achtsitzer je Hundert $S\,P$ – a $P\,S.$

Dös Aufsehen erregende Getös sollns amal erleben, wenn wir mit unserm lila lackierten Töff Töff vorm Nationaltheater landen. Es ist halt so ziemlich dasselbe, als wia ehemals mit seine Majestät bis aufs Hochschrein.

Und im Theater drinn nacha, ersten Rang Vorderplatz, auf grünem Sammt, da geht dann das allgemeine Gegaff o, auf unsere Wenigkeit. Mei Alter mitn Opernherzarrer, und ich mitn goldnen Linseisen. Vor acht Tagen warn ma in Tristan und Isolde. – AAA – da schneidst o, mit dem G'schpui –. Der Tristan geht ja noch, aber d'Isolde de gschroamaulat Fee, mit dem chronischen Stimmbandgeknarz, des is Allerhand. Und unterhaltlich wars im Ganzen, so oft hab ich mein Alten gar net aufwecka könna, als er mir eingeschlummert ist. AAA – dö Opern, dass i net rutsch, da geh i scho tausendmal lieber in d'Auermühlbachlichtspiele. Aber mir könna doch heut mit unsern sichtbaren Pomp net in an Vorstadtkino auftaucha. Ja ja – Geld alioa macht auch nicht glücklich. Je mehr Geld, desto mehr Verdruß. Hast Geld, dann brauchst Dienstboten – hast Dienstboten, dann muasst di Tag und Nacht ärgern über Magd und Gesinde. Gegenwärtig such ich eine Herrschaftsköchin. Moanas ich treibert eine passende auf? Dö wo ma jetzt ham, dera gfallts nimmer bei uns, hamm Sie Worte? Tuat ma dem Trampe alles was ma ihr an dö Augn absicht. Mittags gibt ma ihr 's ganze Essen, des was mir nimmer mögn, hat ihr eignes Bett, d'Ortskrankenkasse lass ma ihr selber zahln, und da gfallts ihr nimmer bei uns. I moan wenn ma einem Menschen in jeder Weise entgegen kommt –

Und ein wüffes Frauenzimmer ist das jetzt ist sie schon fünfunddreissig Jahre alt, moana Sie dö fürcht noch an Kaminkehrer? Ja, an Schafkas, im Gegenteil – nachlaufa tuts ihm noch. Aber da derf ma nix sagn, da wars aus bei mein Alten – bei mein Xade – über sei Fanny lasst er nichts kemma – dö wenn eahm viereckate Knödel am Tisch hinstellt, dann sanns a rund bei ihm. Alle vierzehn Tag hats Fräulein Fanny Ausgang von 2–8 Uhr. Sie kommt aber jedesmal erst an andern Tag in der Fruah mit graugreane Froschaugn! Schauns – auf Weihnachten hat man kein Geld angschaut, mei Xade hat ihr drei Ohrringeln kauft und ich hab ihr, dass a a Freud hat, vom Kaspar Ostermeier 's Magdzimmer desinfizieren lassen. Moanas ich hab an Dank ghabt? Ja an Dreck – ausgricht hats mi bei der ganzen Nachbarschaft dass so viel Wanzen ham. Aber heuer auf Weihnachten, wenn noch bei uns ist, soll sies selber fangen. –

Kinoschauspielerin möcht sie jetzt werden! Ham Sie Worte! Sie – mit dera broatgfozerten Bauernfünfalarva! – – Denkas lieber an eahna Kocherei hab i gsagt, dass amal lerna, auf was für a Seite man's Butterbrot schmiert, moana denn Sie mit eahnan gwarzerten Verdrußfaltengsicht und mit eahnan Baumhacklteint wern Sie a Schauspielerin? – A Schauspielerin? – A Abspülerin könnas macha in der Speisehalle, Sie Prachtdotschen. Ja, es ist unglaublich, eingebildet ist die Person – sie bildet sich immer ein, mein Gemahl ist in sie ganz verrückt – so was braucht sie sich doch net einbilden, de freche Nassl, wo es doch bittere Wahrheit ist. An ganzen Tag hats nur ihre Mannsbilder im Kopf, dumm ists auch, furchtbar zerstreut. – Was tuts nicht neulings? – Reibts net in unsern eleganten Speisesalon die schöne Goldtapete mit Stahlspäne ab, dass d'Fetzen glei bis am Fussboden nunterghängt san. – An Parkettboden putzt sie regelmässig mit Sidol – an Kanarienvogel gibts manchmal vor lauter Zerstreutheit 's Hundsfressen –

auf Weihnachten hats a mal Ostereier gfärbt – am heiligen Dreikönigstag hats Kirtanudeln bacha – auf Pfingsten hats auf unsern schöna schwarzpolierten Blüthner Flügel mit der weissen Oelfarb – Kaspar, Melchior und Balthasar naufgschriebn – und d'Goldfisch ... reibts 's Rindvieh mitn Staublumpn ab. Punkt. [«]

Die Barfußtänzerin

Von Karl Valentin.

Dieser Vortrag wirkt am besten von einem Herrn in einem komischen Ballet-Kostüm mit großen in Spielwarengeschäften erhältlichen Pappendeckel-Füßen.
  Melodie: So 'ne ganz e kleine Frau.
  Nach jeder Strophe kann nach einem beliebigen Walzer komisch getanzt werden.

Ich bin die süße Ella,
Ein zuckersüßes Ding,
Ich bin hier engagieret
Als Barfußtänzerin.
Bereite allen Herren
Stets einen Hochgenuß
Wenn ich mein Röckchen hebe
Zeige meinen süßen Fuß.
       |: Meine zuckersüßen Füß. :|
       |: Meine zucker-zucker-zucker –
       zucker-zuckersüßen Füß. :|
In Straubing und in Persien,
In Oesterreich und in Rom,
In Rußland und in Daglfing,
In Allach und in Glonn,
In England und in London,
In Schwabing und Paris
Haben s' überall bewundert

Meine zuckersüßen Füß.
|: Wie oben. :|
Seit kurzer Zeit da merkt' ich,
Was mochte das blos sein,
Da wurden mir so nach und nach
Die Schuhe viel zu klein.
Ich ging zu einem Doktor
Und frug, was das wohl is,
Ja, liebes Fräulein, sprach er drauf,
Waschen's Ihnen mal die Füß
Ihre zuckersüßen Füß.

(Hierauf Walzer oder Schleiertanz)

Karl Valentin in seinem Couplet »Die Barfußtänzerin«, 1912

Karl Valentin 1908 im Bamberger Hof, München

III. Die Ehe

Luftballonkatastrophe

BALLONVERKÄUFERIN: Wer bekommt noch an Ballon an schöna Luftballon – nur 50 Pfennig das Stück.

SIE: Du Benedikt! Da nehmen mir für unsrer Milifrau ihrn Fritzl oan mit!

ER: Wer tragt'n denn dann? – Mir ham so soviel Glückshafaglump dabei.

SIE: Den Luftballon brauchst doch riet trag'n – der fliagt doch – den brauchst doch nur mit'n Schnürl an Dein West'nknopf ohänga. – Da geh her – i häng dann hi – so.

ER: Dös schaut aber kindisch aus! – Und dös Schnürl kitzelt mi oiwei an d'Nas'n.

SIE: No ja, na lass halt kitzeln.

ER: *(schreit)* Halt – der Ballon! – Is scho fort. – Steigt schon himmelwärts.

SIE: Depp, saudummer! – Im Moment ham man kauft und er lasst schon wieder aus.

ER: I hab'n do riet auslass'n.

SIE: Wer denn sunst?

ER: Er selber, is auskemma! – s'Schnürl is' an mei brennate Zigarrn hikemma und is obrennt und dadurch is da Ballon entflogen und aus dem Fesselballon wurde ein Freiballon. – Jetzt is a frei! – Wie beneide ich diesen kleinen Luftballon – Viele Ehemänner gleichen so einem kleinen Fesselballon – das Schnürl ist die Ehe!

Karl Valentin und Liesl Karlstadt in dem Theaterstück »Brillant-feuerwerk« (»Ein Sonntag in der Rosenau«), 1926

Ein zufriedener Ehemann

Parodie auf Finikuli-Finikula.

*(Der Vortragende soll bei diesem Vortrag einen Betrunkenen
darstellen.)*
Ich bin jetzt zirka 13 Jahr verheirat'
Mit meiner Frau,
Mit meiner Frau.
Sie, das war früher 'mal ein nettes Mädel,
Jetzt ein Wau-Wau,
Jetzt ein Wau-Wau.
Schön ist sie nicht, das kann ich nicht grad' sagen,
Aber saudumm
Das alte Trumm.
Sie is so g'sund als wie a junger Bachratz,
Das Unikum,
Sie kommt nicht um.
– Schad nix, macht nix, mir liegt ja nix dro,
Schad nix, macht nix, i bin a guater Mo,
Wir streiten täglich miteinand', ich geb' ihr auch so
manchen Tritt,
Und sie haut mir as Dach recht her,
Dann san ma wieder quitt.
So hausen wir zusamm' schon 13 Jahre
In dieser Eh',
Herjemine!
Am ganzen Körper hab' ich blaue Flecken,
Lauter Weh-Weh,

106

Lauter Weh-Weh.
Zwei Handerln hat sie grad' wie Fensterbrettl'n
Die alte Kuha,
Was sag'n S' dazua.
Wenn s'-mir zehnmal im Tag damit ins G'sicht fahrt,
Dann hab' i gnua,
Das geb'n S' doch zua.
(Aber) Schad nix, macht nix, mir liegt ja nix dro,
Schad nix, macht nix, i bin a guater Mo,
Mir is ja gleich, mir is ja wurscht,
I muß mei Schicksal halt ertrag'n,
Ja, wenn i da no aufdrahn tät',
Die tät' mich ja erschlag'n.
Im Wirtshaus traf ich jüngst an alt'n Spezi,
Des war famos!
Des war famos!
Der sagt, ich soll mich von ihr scheiden lassen,
Dann werd' ich s' los,
Die fade Sauce.
Doch seh'n S', ich setz' den Fall, sie kriegt an andern,
De böse Trut,
De böse Trut.
Wie leicht könnt's sei, sie heirat dann an Schneider,
Der wär' kaput,
Der wär' kaput.
(Aber) Schad nix, macht nix, mir liegt ja nix dro,
Schad nix, macht nix, i bin a guater Mo,
Doch tät' s' mir sterb'n, aufrichtig g'sagt,
Mir tät' s' doch leid, mei lieabe Frau,
Drum bleib'n wir halt bei'nander,
Sie is doch a guate Sau!

Karl Valentin in der Komödie »Ehescheidung vor Gericht«, 1933

Karl Valentin als »Ratschkathl« oder »Hausmoasterin« ca. 1920

Wer schlägt den Luckas

(In der Nähe klingt ein Knallen)

ER: Hörst an Luckas wia a kracht! – Da gehn ma hin dazua.

LUCKASMANN: Gehns her, schöner Mann – probierns amal eana Kraft!

ER: Du Barbara! – I möcht mei Kraft probiern. – An Luckas hab i als junger Kerl jed'smal kracha lass'n. – I wui seng, ob i heit no sovui Schmoiz hab.

SIE: No, mit Deiner Kraft is' nimmer recht weit her – in keiner Beziehung!

LUCKASMANN: Jetzt zoag'n's erst recht eanana Frau, dass wenigstens in die Armmuskeln no was drin is! – Da hams an Hammer. – Haun's drauf! Bum – nix is – nochmal! – Bum – wieder nix – Sie müass'n mit'n Hammer richtig ausziag'n nach hint'n – also nochmal: *(darauf erfolgt ein dumpfer Schlag und Zuschauergemurmel, da der Mann seiner Frau, die zufällig hinter ihm stand, den Hammer auf den Kopf hinaufgeschlagen hat).*

SIE: *(tut einen festen Seufzer und fällt zu Boden)*

ER: Was is denn los?

LUCKASMANN: Eana Frau hams troffa, statt an Luckas! – Dös is hinter eana g'stand'n und wia Sie auszog'n ham, ham sie's mit'n Hammer nieder g'schlag'n.

ER: Gell, die Hellseherin hat doch recht g'habt, dass 's heut no a Schlag trifft. – – – Barbara! Barbara! – Sie ist

bewusstlos. – Ja was hast denn Du g'macht – jaso, i hab's
ja g'macht! –

LUCKAS: Schnell a kalt's Wasser her!

ER: Nix Wasser! – Dös mag koa Wasser – dös mag net
amal a Dünnbier. – Barbara! Bist Du bewusstlos? –
Red! – Gib mir a Antwort! – Ich bins doch! – Komm
doch wieder zu uns, aa zu Dir! – Gott sei Dank, Sie öffnet schon wieder die Augen. – Barbara! – Schau mich
an – kennst mich noch? – sprich doch! – wer bin ich
denn? –

SIE: A Rindviech bist!!!

ER: Sie kennt mich noch!

*(Wiesenlärm und aus einer Bierbude hört man die bekann-
ten Wiesenklänge: »Ein Prosit ein Prosit der Gemüatlich-
keit... ein Prosit ein Prosit der Gemütlichkeit« »Eins zwei
drei g'suffa« der Wiesenlärm wird langsam abgeblendet)*

Ende

*Einige Episoden folgen noch
bei jeder Episode kann der Satz hineinkommen[...]*

Benedikt! wenn i nur gwiß wissen tät
ob mir zuhause das Gas abdraht ham[.]

Ihr Kampf

V. Na Frau Braun, wie gehts Ihnen denn?

B. Schlecht.

V. Stimmt was nicht?

B. Stimmen? Sie wissen doch meine unglückliche Ehe – 12 Jahre lang hat mich dieser Schuft an der Nase herumgeführt und jetzt steh ich da mit meinem Haufen Kindern – betr[o]gen und verlassen.

V. Ich verstehe nur das eine nicht, dass Sie diesem Schwindler so lange I[hr] Vertrauen geschenkt haben. Sie waren eine reiche Frau und er ein armer Habenichts.

B. Ja das kann ich schon verstehen, weil er mir, wie ich ihn kennen gelernt habe den Himmel versprochen hat und jetzt hab ich die Hölle.

V. War er denn wirklich so gemein?

B. Gemein reicht ja gar nicht. Ich hab doch einen schönen Batzen Geld mit in die Ehe gebracht, das wissen Sie doch.

V. Ja freilich weiss ich das, ich kenn doch Ihre Verhältnisse, ich weiss doch auch wie Sie ihn kennen gelernt haben. Mit seinen schönen Reden hat er Sie überlistet, hypnotisiert könnte man beinahe sagen.

B. Ja nicht nur er allein hat es auf mein Vermögen abgesehen gehabt, seine netten Freunderln dazu.

V. Ich kenn sie alle diese Burschen, aber Frau Braun, ich habe nie den Mut gehabt, Sie zu warnen – Sie haben mich oft erbarmt – wie er Ihnen einen Tausender um den anderen herausgelockt hat zur Gründung einer G.m.b.H. – und Ihr Geld hat er mit seinen Freunderln verjubelt.

B. *Er* hat ja gar nicht einmal so viel gesoffen und geraucht hat er auch nicht, aber er wollte doch immer hoch hinaus, er hat ja den Grössenwahn gehabt. Autos hat er auch um mein Geld gekauft, Villen hat er gebaut – alles um mein Geld – und mir hat er eine rosige Zukunft versprochen – ja – die hab ich jetzt – jetzt sitz ich da mit meinen Kindern in Not und Elend und kann betteln gehen.

V. Und Sie haben ihn nie zur Rede gestellt, was er eigentlich mit Ihnen vorhat?

B. Zur Rede gestellt? – da hätt ich mir was zu sagen getraut – bei seiner Herrschernatur – *ein* unrechtes Wort wenn ich nur gesagt hab, dann ist er wie ein Besessener im Zimmer auf und ab gerannt, hat geschäumt vor Wut – einmal hat er in's Tischtuch hineingebissen vor lauter Zorn – und hat mir in der Wohnung alles kurz und klein geschlagen.

V. Und das haben Sie sich bieten lassen?

B. Natürlich – aus Angst und Furcht hab ich alles über mich ergehen lassen. Scheiden lassen wollte ich mich von dem Tyrannen nicht, meinen Kindern zu Liebe.

V. Das war ja ein 12jähriges Hundeleben, was Sie hinter sich haben.

B. Das kann man wohl sagen.

V. Ja haben denn die Nachbarn, wo Sie gewohnt haben, das gewusst, wie es bei Ihnen zugeht?

B. Freilich, ein paar haben ja sogar zu ihm geholfen, aber die letzten Jahre haben auch die von ihm nichts mehr wissen wellen.

V. So – Frau Braun – man könnte an Ihrem normalen Geisteszustand zweifeln dass Sie 12 Jahre all das Schreckliche mit solcher Geduld ertragen haben – Sie sind im wahren Sinne des Wortes eine Märtyrerin.

B. Eine Märtyrerin? Ein Rindvieh war ich 12 Jahre lang.

V. Stimmt – aber trösten Sie sich, wie winzig ist *ein* Menschen-Schicksal Schicksal gegen ein *Völker*schicksal.

Die Ahnfrau

Scene in der Ritterspelunke – 11. August 1939.

Die Uhr schlägt 12 Uhr Mitternacht – im Saal wird es finster, durch den Lautsprecher fängt der Sturm an zu heulen – dazwischen mischt sich Krähengeschrei und Katzenkonzert etc.

Schlag 12 Uhr erscheint die Ahnfrau in weisser Schleierumhüllung, die Körperform ist durch den Schleier zu erkennen. Mit einer brennenden Kerze und mit blassgeschminktem Antlitz, schwarzen Augenhöhlen betritt sie, (auf weichen Gummisohlen gehend) das Podium. Zu der ganzen Scene spielt ein Harmonium »Morgenstimmung« aus Peer Gynt, oder irgend eine schauerliche Musik, gemischt mit Sturmwind.– – – –

(DIALOG DER AHNFRAU:[)] Gestatten Sie, dass ich mich vorstelle: Mein Name ist Walburga Wrdlbrmpft, geborene Rembremerdeng. Jch war früher ein Mensch und jetzt bin ich ein Geist. Jch spucke seit Jahrhunderten hier in diesem alten Keller herum; aber ich spucke nicht auf den Boden denn ich bin keine Sau, sondern wie gesagt: ein Geist. Allnächtlich zur Mitternachtsstunde steige ich aus meinen Gemächern und wandle hier herum. Die ersten hundert Jahr' hat mir dös ganz gut g'fall'n; aber jetzt werd's schö stad fad. Mir Geister haben nur das eine Schöne, dass wir keine leibliche Nahrung zu uns nehmen. Wir sind ja nur Erscheinungen; deshalb brauchen wir Gespenster auch keine Nahrung mehr. Wir Geister und

Gespenster essen und trinken nichts, drum müssen wir auch nie hinaus – wir sind vollständig stubenrein. Wir Geister gehören eigentlich zum lichtscheuen Gesindel und treiben uns nur in der Nacht im Finstern herum, deshalb passen wir auch so gut in die Jetztzeit. Mein Mann selig war halbedler Ritter, aber trotzdem ein grosser Sauhund –. Jch habe viel mitgemacht mit ihm – er mit mir auch, das muss ich schon sagen; – Hier im Färbergraben 33 an demselben Platz, gleich nach der Gründung Münchens im 11. Jahrhundert, da stand eine Burg – dieselbe war nicht sturmfrei, denn sie stand ganz einsam da, als eines der ersten Häuser in München im Färbergraben. Nur die Burg Herzog Josef des Wamperten stand am Ufer der Jsar, da wo sich heute das Müller'sche Volksbad befindet. Jn dieser Burg, [d]es Herzog Josef des Wamperten war mein Mann Hausmeister und ich war Zugeherin. Jn der Burg des Herzogs gab es viel Arbeit – der Herzog war ein lieber Mann, ich hatte ihn sehr gerne, gerner vielleicht, als ihn seine Frau hatte, aber sie wusste nichts davon, aber ich wusste es; dass die Frau Herzogin meinen Mann auch gern hatte. Dieser gemeine Hund hatte ein Möchteltöchtel mit der Frau Herzogin. Den beiderseitigen schmutzigen Verhältnissen zwischen der Herzogin, meinem Mann und dem Herzog und mir entsprossen eine Menge unehelicher Sprossen, was ich erst nach dem Tode meines geliebten Mannes, dieses Schlawinera erfahren habe. Dem Herzog kam das zu Ohren, denn er hatte solche und liess meinen Mann wegen fortgesetzter Nebenbuhlerei in den Hungerturm werfen, was er auch verdient hatte und später liess er ihn sogar aufhängen. Und zwar am Freitag den 16. Mai im Jahre elfhundertelfundsechzig. Meine Hinrichtung, ebenfalls wegen Nebenbuhlerei, fand 4 Wochen später auf demselben Galgen statt. Wir hauchten unsere Seelen aus und verwandelten uns in Geister. Seit dem 11. Jahrhundert spucken wir nun jeden Tag zur nächtlichen Zeit hier herum, aber nur ich allein. Wo der Sauhund spuckt weiss ich nicht, ich habe ihn in diesen 800 Jahren noch nicht einmal gesehen und hätt' ihm soviel zu sagen, dem Bazi, dem schlechten.

(Schaut auf ihre Uhr) Schon so spät? Nun muss ich wieder verschwinden, ich ziehe mich wieder in meine Gemächer zurück. Also Servus! Auf Wiedersehen!

Schluss!

Vor Gericht

1937

RICHTER: Also, Sie geben zu, dass Sie den Kläger ein Rindvieh geheissen haben?

ANGEKLAGTER: Ja, ich habe aber gemeint, dass er deshalb nicht beleidigt ist.

RICHTER: Wieso meinten Sie das?

ANGEKLAGTER: No ja, weil er so saudumm dahergeredet hat.

RICHTER: Eigentlich finde ich, dass Sie saudumm daherreden, denn ein Rindvieh ist doch ein Tier und ein Tier kann doch nicht reden. Oder haben Sie schon ein Tier reden hören?

ANGEKLAGTER: Jawohl, einen Papagei!

RICHTER: Ja, ein Papagei ist doch kein Rindvieh!

ANGEKLAGTER: In dem Moment, wo ein Papagei dumm daherredet, ist eben der Papagei auch ein Rindvieh!

RICHTER: Haben Sie denn schon einen Papagei gehört, der dumm daherredet?

ANGEKLAGTER: Und ob!!!

RICHTER: Erklären Sie mir das.

ANGEKLAGTER: Das kann ich beweisen; meine Hausfrau hat einer Papagei in einem Käfig und wenn man an den Käfig klopft dann sagt das Rindvieh: »Herein!«

RICHTER: Finden Sie das dumm?

ANGEKLAGTER: Und ob!

RICHTER: Wieso?

ANGEKLAGTER: Wie kann denn ich in den kleinen Käfig hinein gehen!

RICHTER: Wir kommen da ganz von der eigentlichen Sache ab. – Warum haben Sie den Kläger ein Rindvieh geheissen?

ANGEKLAGTER: Weil er meine Frau beleidigt hat.

RICHTER: Inwiefern?

ANGEKLAGTER: Er hat zu meiner Frau gesagt, sie sei eine blöde Gans und meine Frau ist keine Gans, dafür habe ich Beweise.

RICHTER: Da brauchen Sie doch keine Beweise dafür, denn genau so wie der Kläger kein Rindvieh ist, kann Ihre Frau keine Gans sein, wenigstens keine blöde Gans.

ANGEKL.: Aber Herr Richter, mit dieser Bemerkung »wenigstens keine blöde Gans« geben Sie ja selbst zu, dass eine Frau eine Gans sein kann und eine Gans ist aber doch blöd.

RICHTER: Wieso ist eine Gans blöd?

ANGEKL.: Weil eine Gans nicht einmal sprechen kann.

RICHTER: Na ja, ein Tier kann eben nicht sprechen.

ANGEKL.: Doch, der Papagei!

RICHTER: Jetzt kommen Sie wieder mit dem saudummen Papagei als Vergleich!

ANGEKL.: Da muss ich Ihnen wieder widersprechen, denn ein Papagei ist nicht saudumm, weil Sie, Herr Richter, nicht den Beweis erbringen können, dass jede Sau dumm ist, denn es gibt im Zirkus dressierte Säue, also kluge Säue.

RICHTER: Aber wir haben doch von der blöden Gans gesprochen, nicht von einer dressierten Sau.

ANGEKL.: Gut, bleiben wir wieder bei meiner Frau.

RICHTER: Nun müssen wir aber zur Ursache der Beleidi-

gung kommen; aus welchem Grund hat denn der Kläger Ihre Gans eine blöde Frau geheissen, Verzeihung:
umgekehrt wollte ich sagen, Ihre Frau eine blöde Gans
geheissen?

ANGEKL.: Ja, die Sache ist zu schweitweifend.

RICHTER: Sie meinen: zu weitschweifend.

ANGEKL.: Zu weitschweifend, ja ja! Wir haben nämlich
einen Heimgarten und die Frau Wimmer hat auch
einen Heimgarten, direkt neben unserem Heimgarten
und da ist immer ein Konkurrenzneid, wer die schönsten Blumen hat.

RICHTER: Ja weiter – – –

ANGEKL.: Und da tun wir immer Samen tauschen –

RICHTER: Was tun Sie?

ANGEKL.: Samen tauschen. Sie gibt mir z. B. einen Chry-
santhemensamen und ich geb' ihr dafür einen Rhabar-
bersamen, und da hat sie mir heuer für meine Fensterblu-
men statt Hyazinthen-Sonnenblumen-Samen gegeben
und wir haben so viel Sonnenblumen bekommen, dass
wir nicht mehr zum Fenster naussehen können, da hat
ihr Mann zu meiner Frau gesagt, sie ist eine blöde Gans
und ich hab' zu ihm gesagt: »Sie sind ein Rindvieh«,
und er hat dann zu mir gesagt – – – – – *(Pause)*

RICHTER: Was hat er gesagt?

ANGEKL.: *(schweigt)*

RICHTER: Na, so reden Sie doch, was hat er noch gesagt?

ANGEKL.: Na ja, Herr Richter, was wird so ein ordinärer
Mensch denn noch gesagt haben, dös können S' Ihnen
doch denken!

RICHTER: Na, was hat er gesagt?

ANGEKL.: Ich bitte um Ausschluss der Oeffentlichkeit!

120

Brief aus Bad Aibling

Hochwohlgeborne Anni,
liebe Ehefrau und Zuckerschneckerl!

Liebe Frau, teile Dir mit, daß ich in Bad Aibling gut angekommen bin. Bei Ankunft stiegte ich aus demselben Zug
aus, in dem ich am Bahnhof zu München einstug. Ich
wollte absichtlich nicht weiterfahren, da mein Billet nur
bis Aibling giltig war und hätte eine Weiterfahrt keinen
Wert gehabt, da ich sonst über Bad Aibling hinausgefah-
ren wäre. Die Eisenbahnfahrt ging sehr schnell, da es ein
Schnellzug war; wäre es ein Güterzug gewesen, wäre die
Fahrt natürlich nur Güter gewesen. Während der Fahrt
aßte ich mein Butterbrot und trankte meinen roten Wein.
Vis a vis von meinem Schnellzug sauste auf einmal ein
anderer Schnellzug vorbei, und zwar so schnell, daß man
die Leute, die in dem anderen Schnellzug saßten, kaum
grüßen konnte, obwohl vielleicht ein guter Bekannter
hätte drin' sitzen können, der dann am andern Tag zu mir
gesagt hätte: Gestern waren Sie aber protzig, weil Sie mich
nicht einmal gegrüßt haben. Die Fahrt ging dann weiter;
auf einmal wurde es mir not, die Notkabine war aber
besetzt; deshalb zogte ich die Notbremse und der Zug
stund. Der Eisenbahnbesitzer stiegte zu mir in das Koup-
let und schrub mich auf wegen Notzug. Die Gesellschaft
im Eisenbahnwagen war sehr gemischt; es waren fast lauter Reisende, nur der eine Herr, der in München den Zug

versäumte, fuhr nicht mit, da er wahrscheinlich mit dem nächsten Zug hinter uns nachkommt, in welchem wir auch gefahren wären, wenn wir den Zug auch versäumt hätten. – In Aibling selbst ist es sehr schön, obwohl es, glaube ich, sehr wenig Weinkneipen dort gibt. Gestern hat mich der Kurarzt untersucht, er meint, ich müßte nicht im Bett liegen bleiben, nur bei Nacht müsse ich im Bett bleiben, was ich ja so wie so getan hätte. Sonst geht es mir gut; ich habe mein eigenes Zimmer, in welchem sechs Betten stehen, wovon aber nur vier besetzt sind von vier Patientinnen. – Ich schließe nun meinen Brief und hoffe, daß Du mir in München treu bleibst, wenigstens halbe treu, zum mindesten viertel über zwei. Meine Uhr habe ich vergessen, wir haben auch in unserem Schlafsaal keine Uhr.

Wen Du mir wieder schreibst, schreibe bitte in den Brief hinein, wieviel Uhr es ist. Ich weiß gar nicht, wie ich an der Zeit bin.

Es grüßt und küßt Dich
hochachtungsvollst
ergebenst
Nepermuk *Semmelmeier*, Patient,
z. Zt. Bad Aibling.

Das suesse-Maedel

Parodie, 1899.

I.

So g'wachsn wia a Blunz'n,
koa Zahnerl mehr im Maul
Zwoa Haxen krumm und mager,
Wia a Fiakergaul
Zwei Aeugerln wie da Teufi
An Schnupftabak den frisst's,
Nun wollen Sie gern wissen,
wer dieses Scheusal ist.
  Refrain:
Das ist mei' Schwiegermuatter,
Die just so akurat
Jn seiner schlechten Laune ·
Der Herrgott g'schaffen hat.
Das ist mei' Schwiegermuatter,
Die just so akurat,
Jn seiner schlechten Laune
Unser Herrgott g'schaffen hat.

II.

III.

nicht mehr in Erinnerung.

Der Bräutigam in Uniform

Komödie von Karl Valentin und Liesl Karlstadt.

Personen: Herr Wimmer = Karl Valentin
          Frau Rostig = Liesl Karlstadt
          Bräutigam?

spielt im Wohnzimmer der Frau Rostig.

HERR WIMMER: *(zu Frau Rostig)* Ja Frau Rostig, was ist denn heute los? Was soll die plötzliche Einladung bedeuten – 3 Gedecke?

FRAU ROSTIG: Jawohl – 3 Gedecke – eines für Sie – eines für meine Wenigkeit und ein Gedeck für meinen Bräutigam[.]

HERR WIMMER: Was Bräutigam? Sie wollen doch nicht noch einmal? – – –

FRAU ROSTIG: Ja – ich will noch einmal! Und zwar schon in 14 Tagen. Sie haben ja niemals etwas dergleichen getan, obwohl ich Ihnen schon oft zu verstehen gab, dass mir das Witwe sein zum Halse heraus hängt.

HERR WIMMER: Ja aber Frau Rostig, das habe ich nie für Ernst genommen[.]

FRAU ROSTIG: Nun ja – es wäre ja jetzt auch zu spät, denn jetzt habe ich bereits einen Bräutigam und zwar einen ganz seltenen Bräutigam.

HERR WIMMER: Was – einen seltenen Bräutigam?

FRAU ROSTIG: Ja, einen sehr seltenen!

HERR WIMMER: Sie machen mich aber neugierig!

FRAU ROSTIG: Wenn Sie den Beruf meines Bräutigams

erraten, dann sind Sie nicht so dumm wie Sie aus-
schauen. Vor 14 Tagen habe ich ihn auf dem Volksfest
kennen gelernt und für heute habe ich ihn zum Essen
eingeladen und jetzt raten Sie einmal was mein Bräutigam für einen Beruf hat?

HERR WIMMER: So auf dem Volksfest haben Sie ihn kennen gelernt, das kann auch kein G'scheiter sein.

FRAU ROSTIG: Gescheit braucht er ja schliesslich auch
nicht sein, die Hauptsache ist, dass er fleissig ist und
einen Beruf hat.

H. WIMMER: Was hat er denn für einen Beruf?

F. ROSTIG: Das erraten Sie nicht so schnell – aber Sie
müssen jetzt raten, das gibt eine Gaudi!

H. WIMMER: Ist er ein Beamter?

F. ROSTIG: Nein!

H. WIMMER: Ein … Geschäftsmann?

F. ROSTIG: Nein … Ja – das weiss ich selber nicht genau[.]

H. WIMMER: Ein Doktor?

F. ROSTIG: Nein!

H. WIMMER: Ein Arzt?

F. ROSTIG: Nein, ein Doktor ist ja ein Arzt[.]

H. WIMMER: Ein Pfarrer?

F. ROSTIG: Aber Herr Wimmer, ein Pfarrer darf doch
nicht heiraten, wenn er auch möchte[.]

H. WIMMER: Ja stimmt. [E]in Metzgermeister?

FR. ROSTIG: Gehns, Herr Wimmer, ein Metzgermeister
tragt doch keinen Helm[.]

H. WIMMER: Einen Helm trägt er – ja dann ist er ein
Schutzmann[.]

FR. ROSTIG: Nein, ein Schutzmann ist er nicht, das hätt
ich doch gleich gesagt[.]

H. WIMMER: Ach, vielleicht ein Soldat[?]

Fr. Rostig: Nein!

H. Wimmer: Ah, jetzt hab ich's, ein Feuerwehrmann!

F. Rostig: Was tät ich mit einem Feuerwehrmann, den kann ich nicht brauchen, bei uns brennt's ja nie.

H. Wimmer: Gehns Frau Rostig, Sie halten mich ja zum Narren!. – Auf dem Volksfest hab'n Sie ihn kennen g'lernt und einen Helm trägt er und ein Soldat ist er nicht und kein Schutzmann und kein Feuerwehrmann ...

F. [Rostig]: Herr Wimmer, Sie zerbrechen sich den Kopf umsonst, geben Sie das raten auf und warten Sie bis er kommt. Jetzt is es ¾ auf 3[.]

F. Rostig: [E]r muss alle Augenblicke kommen, geh sind's doch nicht so neugierig.

H. Wimmer: Da bin ich schon neugierig, was der ist, hat er einen schönen Beruf?

F. Rostig: Nein [!]

H. Wimmer: Was nein? – Einen gefährlichen Beruf?

F. Rostig: Ja, mein Gott!

H. Wimmer: Können Sie ihm bei seiner Arbeit behilflich sein?

F. Rostig: Um Gotteswillen, das ist ja ein Ding der Unmöglichkeit!

H. Wimmer: Ist er ein Einbrecher?

F. Rostig: Ein Einbrecher hat doch keinen Helm auf, dann tät man ihn ja gleich kennen, wenn der einen eigenen Einbrecherhelm auf hätt'[!]

H. Wimmer: Ja so – kann er seinen Beruf auch im Freien ausüben?

F. Rostig: Nein!

H. Wimmer: Daheim?

F. Rostig: Nein – das ist ausgeschlossen.

H. Wimmer: Hat er eine Werkstätte?

F. Rostig: Der hat doch keine Werkstätte, wenn er einen Helm aufhat[.]

H. Wimmer: Jetzt kenn ich mich nicht mehr aus, Werkstatt hat er keine, im Freien ist er nicht, einen Helm hat er auf, Sie können bei seiner Arbeit nicht dabei sein, der Mann muss schon eine ganz eigenartige Existenz haben.

F. Rostig: Stimmt! Jetzt kommen Sie schon allmählich drauf – der hat wirklich eine eigenartige Existenz. Ach, ich hör schon Schritte – – er kommt – er kommt! Also Herr Wimmer, dass Sie's wissen – in Uniform ist er, einen Helm hat er auf und am Volksfest hab ich ihn kennen gelernt.

H. Wimmer: Da bin ich aber neugierig, was das für ein Kampl ist[.]

F. Rostig: So Liebling, jetzt komm rein – Herr Wimmer – mein Bräutigam *(Ein Taucher in voller Uniform kommt herein)*

H. Wimmer: Der Taucher vom Volksfest!

F. Rostig: *(umarmt ihn)*

Vorhang.

Karl Valentin in dem Theaterstück »Im Photoatelier«, 1927

Familien Sorgen

Juni 43

Ort der Handlung: Eine bürgerliche Stube in einer Kleinstadt

Personen: Vater …

         Mutter …

         Affra (Tochter) …

         Heinrich (Sohn) …

         Joseph (Sohn) …

         Mina (Tochter) …

VATER: *(zur Tochter Afra)* Ja, ja, dass's so kommt, dös hätt
niemand geahnt!

AFRA: Vater! Deine Schuld war's net! – Du hast net anders
handeln können. Wenn d'Mutter sich a klein wenig
drum ang'nommen hätt', hätte der Heinrich einfach
nix macha können. Sei stad, der Heinrich kommt.

HEINRICH: Grüss Gott!

VATER UND AFRA: Grüss Gott!

HEINRICH: Der Joseph is' scho da.

VATER u. AFRA: Wann is' er denn komma?

HEINRICH: D'Mutter hat g'sagt, dass er scho zwei Tag da is'.

AFRA: Wie i g'sagt hab, aber ihr habt's ja net glaubt.

VATER: Er tuat aber gar nix dergleichen!

HEINRICH: Da hat er a recht! – Der mischt sie halt in
sowas net drein.

VATER: Da hat er net recht; mit dem Alter denkt man
schon weiter.

AFRA: Wie du dir bettest, so wirst Du liegen; dös is a alt's Sprichwort.

HEINRICH: Dös stimmt, aber hie und da is' dös Sprichwort halt nicht am Platz.

MUTTER: *(kommt herein) zum Vater:*
So! – Was sagst denn Du jetzt dazu? Jetzt is's so weit. – So hat's kommen müssen.

VATER: Naa! – Na Muater – so hät's net kommen müssen.

AFRA: Ja, was soll denn jetzt der Heinrich tun?

HEINRICH: Was i tu? – Dös brauch i mir net lang überleg'n, – i geh zum Bürgermeister nüber und wenn der sagt: »Lass die Sach ruhen«, dann lass ich's ruhen und wenn er sagt: »Nimm's in d'Hand«, na weiss i auch, was i z'tun hab.

AFRA: *(warnend)* Heinrich! – – Ueberleg Dir dös reiflich! – Du machst unsre ganze Familie unglücklich.

VATER: Ha ha! Unsere Familie; dass i net lach! Da müastt schon wer anders kommen, als wie der Herr Bürgermeister.

MUTTER *zu Vater:* Du redst a vui daher, wenn der Tag lang is'! – Der Bürgermeister is doch der, von dem mir alles erfahr'n hab'n.

HEINRICH: *(erregt: haut in den Tisch hinein)* Dös is' net wahr! Dös is' a Verleumdung! Man soll riet über einen Menschen urteilen, wenn man nicht in die Sache eingeweicht – aa – eingeweiht is.

AFRA: Zu Dir g'sagt – aber ich kenn ihn vielleicht besser als du und ihr alle mit einand und jetzt kann ich euch noch was verraten, der Bürgermeister hätt' ja gar nix g'wusst, wenn ihm net d'Muatter – uns'r eigene Muatter – dös g'sagt hätt.

ALLE DREI: *(bestürzt)* Muatter! Is dös wahr?

MUTTER: *(sitzt weinend am Tisch, die Hände vor das Gesicht gehalten)*

HEINRICH: *(steht auf)* Pfüad euch Gott.

ALLE ZWEI *zur Mutter: (Leise)* Muater! Der Heinrich geht.

VATER: *(zum Heinrich) (befehlend)* Heinrich! Du bleibst da! Und zwar sofort!

HEINRICH: *(kurz)* I geh.

VATER: Du bleibst! – – Eher jag i dö *(deutet auf die Mutter)* aus dem Haus.

ALLE: Aber Vater!! Unser Muater – um Gotteswillen!

AFRA: *(energisch)* Unser Muater bleibt da. Aber der, der am Freitag beim Bürgermeister drüb'n war – und hat uns die Supp'n ei'brockt *(deutet auf Heinrich)* der g'hört naus, statt der Muatter.

MUATTERR: Na! – Da Heinrich bleibt da. Lieber geh i persönlich. – Und jetzt werd' i reinen Tisch machen – net ich und net der Heinrich, sondern der Joseph hat an Bürgermeister alles klapp und klipp – aa – klipp und klapp erzählt.

ALLE: *(heben sich erstaunt vom Tisch und reissen die Augen auf)* Der Joseph *(setzen sich wieder nieder)*

VATER: Ja, seit wann is denn der Joseph wieder hier?

MUTTER: *(weinend)* Seit 14 Tag.

AFRA: *(weint – Vater und Mutter trösten sie)*

VATER UND MUTTER: Wein' riet, Afra, dös is' alles reglrechte Bestimmung.

HEINRICH *zu Afra:* Dös is' a Ueberraschung! Da Joseph is wieder da!

AFRA: Weiss dös da Joseph schon?

HEINRICH: Da Joseph selber wird's doch wissen, dass er wieder da is'.

AFRA: Aber von wem woass denn er, dös möcht i wiss'n!

MUATTER: Vater! Was is denn, red! – Is Dir net guat? – Vater! – Holt's schnell an Doktor, oder an Sanitätsrat.

VATER: *(beklemmend)* Na na Muatter, – es geht mir scho wieder a bessl bisser – aa – beim Biesln besser – aa – bissl besser.

AFRA: Dös kann der Joseph net verantworten. – Seh [r] einfach – er hat koa Elternliab und kriegt a koane mehr.

HEINRICH: Lasst's mir nur grad an Joseph aus dem Spiel – – – sunst …

VATER: *(steht auf, schreit ihn an)* Was, sunst …?? Du werst doch net sag'n, dass der Joseph …

HEINRICH: Naa, der Joseph net. – Aber einer is' da, der all's weiss: Unser Herrgott. – Und wenn derJoseph noch a Herz auf der Brust hat, dann werd er wissen, was er z'tun hat.

AFRA: *(schreit hysterisch, was sie herausbringt)* Du Schuft, du elendiger[!] Wenn i a bloss a g'wöhnliches Weib bin, aber so weit lass i die Sach net kumma – i und koa and-rer kunnt's Euch sag'n, aber d'Liab zu meine Eltern presst mir die Lippen z'samm.

VATER: *(schreit noch besser)* Raus mit der Sprach! – Du brauchst koa Rücksicht nehma auf mi und auf dei [w]eibliche Muatter.

HEINRICH: *(schreit ebenfalls den Vater an)* Tua die Afra nicht noch höher ins Unglück stürzen, als sie sowieso schon drunten is' – denn sie – und koa anderer hat doch nur unser Bestes woll'n.

AFRA: *(ganz gelassen)* Naa, in dem Haus hab i nix mehr verlor'n – – – – – i geh. *(geht v. d. Bühne ab)*

HEINRICH: Die Afra geht. – Na geh i aa. *(geht auch ab)*

VATER: Wenn dö zwoa gehn, na geh i aa. *(geht auch ab)*

MUTTER: *(schreit dem Vater nach) (weinend)* Vater! – Du gehst auch? – dann hab ich da herinn' auch nix mehr zu suchen.
(geht auch ab – Bühne leer:
Vorhang geht zu.)

Karl Valentin als Wilderer-Vroni in dem Theaterstück »Der Wild-
dieb oder die blutige Begegnung in der Höllenschlucht«, 1933

Karl Valentin als Wilderer Hias in dem Theaterstück »Der Wild-
dieb oder die blutige Begegnung in der Höllenschlucht«, 1933

Auszug aus: Oktoberfest

Besuch im Hypodrom

Wie war doch das Oktoberfest, so herrlich schön
    Da hat es, wie bekannt so guate Schmankerl geb-n
    Bratne Hendln, welch Genuss – Steckerlfisch und Ko-
ckonuss
    Das war a so a Frass – dazua drei Wiesenmass

Habt nur Geduld!
Alles kommt einmal wieder
Das ist doch jedem klar,
Nur die Geduld nicht verlieren
S'wird wieder wie es war.
Dauert es auch noch ein Weilchen
Ist auch die Zeit jetzt nicht schön,
Kommenden Generationen
Wirds wieder be – e – sser gehn.

*Hierauf setzt sofort die Musikschallplatte ein (Blechmusik)
»Schunkelwalzer« der bei jedem Oktoberfest in jeder Bierbude gespielt wird. Gegen Schluss dieses Musikstückes wird
schon der Dialog eingeblendet von Herrn und Frau Huber.*

Er: Kauf ma uns no a Mass?
Sie: Naa, – Benedikt, mir ham so scho drei Mass – sunst
    wern ma b'suffa. Jetzt macha mir an kloana Wies'n-
    bummel – i möcht heut in jede Schaubud'n nei'geh

und Pradafahr'n möcht i a. *(Hier setzt der Wiesenlärm ein.)*

ER: Barbara, Geh'n ma glei ins Hypodrom zum Gabriel – da schau'n ma zua – da reit'n die junga Maderln auf die Pferd – da kann ma d'Wadln sehn – dös is' was für mi.

SIE: I gib Dir glei Wadln! – Wennst Wadln sehn willst, na schaust die mein o.

ER: De hab i doch scho zur Genüge g'sehn.

SIE: Dös Hypodrom, dös is nur was für d'Mannsbilder!

ER: I bin ja a Mannsbild!

SIE: hm-hm! Aber was für oans! Jessas, jetzt fallt mir grad was ein; – hab denn i, wia mir heut von dahoam fortganga san s'Gas zuadraht?

ER: I glaub schon.

Pferderennen auf der Oktoberwiese

Er: Barbara – Da bleim ma jetzt steh' – von da aus sehn ma s'Pferderenna am allaschönst'n.

Sie: Na – no besser tat'n ma's vom Bavariaberg aus sehn.

Er: Red doch net – schaug doch nauf – is' ja doch scho alles eine Menschenmasse, wo'st hischaugst.

Sie: Wann geht'n s'Renna eigentlich o?

Er: Punkt drei Uhr – s'hot ja so nur mehr zwoa Minut'n. – Jetzt werd's bald kracha.

Sie: I bin neugieri wer da Letzte werd?!

Er: Barbara – Du bist scho a ganz spinnat's Quax! – A jeder normale Mensch der heut beim Renna zuaschaugt is' neigierig wer heut der Erste werd. Du bist aufn letz'n scharf. – Warum jetzt dös?

Sie: Ja mei, weil mi halt der so dabarmt wenn a hint' nachreit'n muass. und koan erst'n Preis kriagt. –

Er: Saudumm's Gred! – Na muass er halt schaun dass er der Erste werd, na braucht a net als Letzter hint' nachreit'n.

Sie: Da Erste? – Der Erste möcht doch jeder wern!

Er: Natürlich möcht jeder der Erste wern! – Deshalb is's ja doch aa Rennen.

Sie: Jaaaaaa – aber – wenn jeder der Erste werd' dann müasst ja jeder an ersten Preis kriag'n.

Er: Na, wia ma nur so saudum daher red'n ko – a Jeder konn doch net da Erste wern.

Sɪᴇ: Ja wenn aber die Pferd alle gleich schnell laffa tat'n?

Eʀ: Ja, um dös handelt sich's doch beim Rennen, wo's für a Pferd am schnellsten lauft; – dös is eben a alter Brauch beim Rennen, dass oana da Erste und oana da Letzte werd'.

Sɪᴇ: Und die andern… san zwischendrin?

Eʀ: Geh! – –Jetzt hätt' i boid was g'sagt.

Sɪᴇ: Was häst'n sag'n woll'n?

(Zwischenhinein ein Böllerschuss: Bum)

Eʀ: Jetzt hat da Böller kracht! – Jetzt geht's o!

Sɪᴇ: Wo san's n?

Eʀ: Wart halt. – Dö wern gleich kumma.

Sɪᴇ: Wer werd gleich kemma?

Eʀ: *(schreit sie an)* D'rennbuam! Halt jetzt amal dei Babb'n!

Sɪᴇ: Kemma d'Pferd'ln aa?

Eʀ: *(schreit sie noch beser an)* Jaa! Die sitz'n ja drob'n auf die Rennbuam!

Sɪᴇ: Halt'ns dös aus?

Eʀ: *(Ganz durcheinander)* Wer?

Sɪᴇ: D'Rennbuam!

Eʀ: Was denn für Rennbuam? – Du machst mi ganz narrisch – jetzt wart halt amal bis 's kemma.
(Pferdegetrappel) – Jetzt kemmas!!!

Zᴜsᴄʜᴀᴜᴇʀ: *(Volksgemurmel)* Jetzt kemmas – – Ah fein – *(Pferdegetrappel)*

Eʀ: *(aufgeregt – voll Begeisterung)* Mei hänga dö beinad – bravo da Niedameier ziagt o …

Sɪᴇ: Du Benedikt …

Eʀ: Lass ma mei Ruah jetzt …

Sɪᴇ: Du! Benedikt! – Moanst mir ham dahoam s'Gas zudraht?

Er: Ja! Und Dir drah i nach'm Renna d'Gurg'l zua, dass
   endlich amal a Ruah werd mit dem Gas[.]

Der Hasenbraten

1936.

MANN: Elisabeth! – Ich hab doch Hunger, was is denn heute mit dem Hasenbraten?

FRAU: Der ist noch nicht ganz fertig, aber die Suppe steht schon am Tisch.

MANN: *(schlürft)* Na, die Suppe ist heut wieder ungeniessbar.

FRAU: Wieso? Dös is sogar heut eine ganz feine Supp'n.

MANN: Das sagt ja auch niemand, dass die Supp'n nicht fein ist, ich mein' nur, sie ist ungeniessbar, weil's so heiss ist.

FRAU: Eine Suppe muss heiss sein.

MANN: Gewiss! Aber nicht zu heiss!

FRAU: dddddddd – alle Tag' und alle Tag' das gleiche Lied, entweder ist ihm d'Supp'n z'heiss oder sie ist ihm zu kalt; jetzt will ich Dir amal was sag'n, wenn ich Dir nicht gut genug koch', dann gehst ins Wirtshaus zum Essen.

MANN: Dös is gar net notwendig, die Supp'n is ja gut, nur zu heiss.

FRAU: Dann wartest halt so lang, bis kalt is.

MANN: Eine kalte Supp'n mag ich auch nicht.

FRAU: Dann – – – – – – – jetzt hätt' ich bald was g'sagt.

MANN: Ich weiss schon – – – – – nach'm Essen.

FRAU: Jeden Tag und jeden Tag muss bei uns gestritten werden, anders geht's nicht.

MANN: Na ja, Du willst es ja nicht anders haben.

FRAU: So, bin ich vielleicht der schuldige Teil?

MANN: Na wer denn, hab' ich die Supp'n kocht?

FRAU: Eine kochende Suppe ist immer heiss.

MANN: Ja vielleicht kochst Du's zu lang!

FRAU: Zu lang? Nein, nein, morg'n häng' i an Thermometer in Suppentopf nei, damit der Herr Gemahl a richtig temperierte Supp'n bekommt.

MANN: Eine gute Köchin braucht kein' Thermometer zum Supp'n kochen.

FRAU: Ja ja, nun kommt die spöttische Seite, so geht's ja jeden Tag, zuerst nörgelt er und dann kommt der Spott auch noch dazu.

MANN: Was heisst nörgeln, ich habe doch als Mann das Recht zu sagen, die Suppe ist mir zu heiss.

FRAU: Jetzt fangt er wieder mit der heissen Supp'n an; es ist wirklich zum verzweifeln.

MANN: Du brauchst nicht zu verzweifeln, Du sollst die Suppe so auf den Tisch stellen wie sie sein soll, nicht zu kalt und nicht zu heiss.

FRAU: Aber jetzt ist sie doch nicht mehr zu heiss!

MANN: Jetzt nicht mehr, aber wie Du sie hereingetragen hast, war sie zu heiss.

FRAU: Schau, schau, er hört nicht mehr auf, er bohrt immer wieder in dasselbe Loch hinein.

MANN: Wieso, was soll denn das heissen?

FRAU: Weil Du immer wieder mit der heissen Supp'n daherkommst.

MANN: Du bist doch mit der heissen Supp'n hereingekommen, nicht ich, Du drehst ja den Stiel um.

FRAU: Du bist und bleibst ein Streithammel (*Zwischenreden:* Du – nein Du!) – – Horch – – *(3 mal schnüffeln)* – Was riecht denn da so komisch?

MANN: Ich hör' auch was – – da brandelt was –

FRAU: Hast vielleicht wieder eine brennende Zigarette auf den Teppich geworfen?

MANN: Ich hab' ja heute noch nicht geraucht und wenn ich geraucht hätt', dann hätt' ich die Zigarette nicht auf den Teppich, sondern in den Aschenbecher geworfen.

FRAU: Ich hab's ja auch nicht behauptet, ich hab' ja nur gemeint, und meinen werd' ich noch dürfen. Um Gotteswillen, der Rauch kommt ja aus dem Gang!

MANN: No, so geh halt naus und schau, was los ist.

FRAU: Mein Gott! – Die ganze Küche ist voll Rauch – *(macht Ofentüre auf)* Jessas, der Has' ist verbrannt!

MANN: Ja ja, bei uns muss ja immer was los sein!

FRAU: So! – *(Kommt aus der Küche auf den Mann zu und zeigt ihm den Braten)* Da schau her, da schau her, da haben wir jetzt die Bescherung! Mit Deiner ewigen Streiterei ist unser ganzes Essen verbrannt.

MANN: So Mahlzeit! – Und drinnen waltet die tüchtige Hausfrau!

FRAU: Wer ist denn schuld? Du! Mit Deinem ewigen Streiten und Nörgeln!

MANN: Ich habe nicht gestritten und genörgelt, ich hab' ja nur gesagt, dass die Suppe zu heiss ist!

FRAU: Jetzt fangt er wieder an mit der heissen Supp'n, ich lauf noch auf und davon!

MANN: Auf brauchst gar nicht laufen, nur davon! – Genügt mir vollständig!

FRAU: Mit lauter Streiten hab' ich ganz drauf vergessen und der arme arme Has' ist jetzt im glühenden Ofenrohr jämmerlich verbrannt. – – – Essen kannst'n nimmer!

MANN: Das glaub' ich! Aber dem Tierschutzverein werd' ich's melden!

Die Silberne Hochzeitsfeier

1940.

(Lärm, von ca 15 bis 20 Gästen – Hochzeitsgesellschaft).

JUBILAR: *klopft an das Glas (kling, kling, kling)* Stilentium! – *Mehrere Gäste schreien ebenfalls: Stilentium! – Ruhe! –*

JUBILAR: *schlägt wieder 3 mal an sein Glas (kling, kling, kling). Beim dritten »kling« zerschlägt er das Glas. Alle lachen! Die ganze besoffene Gesellschaft ist nach der durchzechten Nacht nicht mehr zu bändigen. Der Hochzeitsjubilar kann kaum selbst noch reden, aber er will doch noch seine Rede halten. Er fängt damit an, wenn er auch nur mehr lallen kann.*

JUBILAR: Meine lieben Hochzeitsgäste! In dieser späten – ah vorangerückten Stunde – muss ich – ah – sehe ich mich verpflichtet – an meine Gäste noch eine kleine Ansprache – zu halten. – Heute sind es genau 25 Jahre – – Ruhe! Ruhe! – dass ich meine geliebte Minna – zum Traualtar geführt habe. – In diesen 25 Jahren – – Ruhe! Ruhe! – hat sie mir stets Glück und Freunde – ah Freude – ins Haus gebracht und mir immer die Treue – *Hatzi!* – – – gehalten.

MINNA: Unverschämtheit!!! *(Die Jubilarin empört sich wegen dem Hatzi!) Es entstehen Meinungsverschiedenheiten, die in eine wüste Rauferei ausarten. Schlachtenlärm erklingt, Gläser und Beleuchtungskörper klirren, Stühle hört man fallen, Verletzte hört man jammern und zum*

Schluss hört man den Jubilar mit Feldherrnstimme schreien:

JUBILAR: Muss denn *jedesmal* bei meiner Silbernen Hochzeitsfeier gerauft werden!!!

Streit mit schönen Worten

1940.

Sie: Mei Ruh lass mir!

Er: Du mir auch!

Sie: Ich weiss schon, wieviel es g'schlagen hat!

Er: Ich auch!

Sie: A anderer Mann geht auf d'Nacht in sein Wirtshaus und kommt in der Früh heim; aber das ist ja Dir alles fremd, Du fühlst Dich ja nur am häuslichen Herd glücklich!

Er: Du hockst ja auch lieber daheim bei mir!

Sie: Ja, wenn Du es nur einsiehst!

Er: Du hast mir noch jede Stunde meines Lebens verschönt!

Sie: Du mir genau so; und wenn ich noch so betrübt war, so warst es Du, der mir jeden Wunsch von den Augen absah!

Er: Ja, weisst Du noch, wie wir damals in jener Sommernacht allein auf einer Bank sassen; Du wolltest noch bleiben und ich wollte noch bleiben, und dann kam der Schutzmann, der uns dann fragte, was wir denn da wollen.

Sie: Ja, und dann warst Du es, der gesagt hat, ach lassen Sie uns doch allein!

Er: Ja, das weiss ich noch, aber Gott sei Dank war der Schutzmann dann vernünftiger und ist gegangen.

Sie: Drum sag ich es 1000 mal: hätte ich nur einen anderen kennen gelernt als Dich, was hätt' ich denn an einem andern gehabt: nichts als Verdruss und Aerger!

ER: Ach, wenn man Dich so ansieht – – – Du bist ja so eine – – – ach – – – ich kann mich gar nicht ausdrücken – – so ein – – – – – – – – dass ich Dir gleich stundenlang in die Augen schauen könnte!

SIE: Du kannst natürlich nichts als einem Sachen ins Gesicht schleudern, die leider wahr sind! Aber meine liebe Frau Schwiegermutter ist ja dieselbe wie ihr Herr Sohn; die kann ja auch sonst nichts, als mir recht schön ins Gesicht tun und hinter meinem Rücken lobt sie mich, wo sie mich nur loben kann! Aber da bin ich ihr gut genug, dass ich ihr meine ganze Wäsche waschen lasse, alle Näharbeiten lass ich ihr zukommen ohne einen Pfennig zu verlangen; da ist man dann die Schwiegertochter hinten und vorne! Zum Weihnachtsfest alle Jahre hab ich von ihr die schönsten Präsente angenommen ohne ein Wort zu sagen; aber das ist scheint's alles vergessen!

ER: Aber meiner lieben Schwiegermutter fehlt auch nichts! Wie oft hab' ich einen kleinen Seitensprung gemacht, bei dem sie mich ertappte – nichts hat sie Dir davon gesagt! Verheimlicht hat sie Dir alles!

SIE: Das sind ja unplumpe Vertraulichkeiten! Das sagst Du ja nur zu mir, dass ich Dich noch lieber haben sollte, als ich Dich sowieso schon habe. Mit derlei Sachen kannst Du mich nicht aus der Ruhe bringen und wenn Du mir's nicht zu bunt machst, dann pack ich meine sieben Zwetschgen zusammen und bleib erst recht bei Dir!

ER: Du darfst Dich nicht beklagten, denn so gemeint war es ja nicht *(haut mit der Faust auf den Tisch)*. Ich verbitte mir nun endlich Deine Zudringlichkeiten! Ich hab' Dir heute schon mindestens 100 Küsse gegeben, und mehr braucht eine Frau nicht an einem Tag!

SIE: Das ist eine unverschämte Lüge von Dir; Du bist ein ganz gewalttätiger Mensch; das hat sich an meinem Namenstag gezeigt, als Du mir den teuren Pelzmantel gekauft hast und ich wollte nur einen gewöhnlichen Lodenmantel.

ER: So, jetzt machst Du mir noch Vorwürfe, aber ich werde es mir merken! Zu Deinem Geburtstag bekommst Du von mir für Deine impertinente Bescheidenheit 500 Mark, dann kannst Du Dir kaufen, was Du willst; dann brauch ich mich wenigstens nicht mehr freuen über Deine Dankbarkeit!

SIE: Ja ja, jetzt kommt natürlich wieder der Vorwurf, das bin ich ja an Dir schon gewöhnt! Ich verbitte mir ab heute von Dir jede Unzudringlichkeit – sonst werde ich Dir den Himmel kalt machen, es heisst zwar: die Hölle heiss machen, aber bei Dir ist das alles fruchtlos!

ER: Eleonore, sei doch nicht vernünftig! Wollen wir uns doch wieder vertragen! Wozu immer diese aufregenden Schmeicheleien!? Sagen wir uns doch lieber in aller Ruhe die Gemeinheiten direkt ins Gesicht!

SIE: Ja, Du saudummer Kerl, da hast recht! Da bin ich sofort damit einverstanden!

ER: Na also, Du Rindviech, du depperts! Siehst, es geht auch so!

Die Handtasche

VERKÄUFERIN: Sie wünschen, mein Herr?

VALENTIN: Meine Frau hat Geburtstag und da möchte ich ihr gern eine schöne Handtasche kaufen.

VERK.: Einen Moment – – das hier wären sehr schöne Taschen!

VAL: Etwas schöneres! – Haben Sie keine schönere?

VERK: Doch, ich habe eine schöne, wollen Sies sehen?

VAL: Aber mein Fräulein, welcher Herr würde ein solches Angebot ablehnen!

VERKÄ: Bitte hier! Sehn Sie, die schliesst sehr schön! *(schnappt)*

VALENT.: So eine hat meine Frau auch. Die von meiner Frau schliesst natürlich nicht mehr so gut. Durch den vielen Gebrauch nützt sich ja so was ab.

VERK: Ich hab auch eine mit Pelzbesatz.

VAL.: Meine Frau auch.

VERKÄ: Das hier wär was Apartes – riechen Sie mal dran!

VAL.: Bitte, was soll ich?

VERK.: Sie sollen mal dran riechen *(schnüffeln)* – – echtes Juchtenleder!

VAL.: Die von meiner Frau riecht ja auch – – aber auf Gerüche leg ich wenig Wert. Die Hauptsache ist was zum Strapazieren!

VERK.: Hätten Sie lieber etwas in schwarz?

VAL.: Danke – – meine Frau hat ja eine schwarze.

VERK.: Dann tuts mir leid – – hat der Herr sonst einen Wunsch?

VAL.: Ja – – haben Sie Regenschirme? Aber nicht zu teuer, denn ich lasse ihn ja doch wieder irgendwo stehen.

VERK.: Aber mein Herr, Sie sind doch nicht der alte zerstreute Professor, der überall seinen Schirm stehen lässt.

VAL.: Die jungen lassen ihn öfters stehen als die alten.

VERK.: Das hier wäre ein schöner Regenschirm, den können Sie niemals mehr stehen lassen, weil Sie denselben an dem gebogenen Griff aufhängen können.

[VAL].: Das ist immer dasselbe, ob ich ihn stehen oder hängen lasse.

VERK.: Ich kann ihn weder hängen noch stehen lassen, weil ich nie einen Regenschirm trage. Will der Herr also den Schirm mit dem gebogenen Griff nehmen?

VAL.: Nein – gefällt mir nicht! Und dann regnet es ja heute gar nicht. Was haben Sie denn für eine Auswahl in Herrenhüten?

VERK.: Möchten Sie sich bitte mit mir zur Abteilung 5 bemühen? Soll es so eine Form sein, wie Sie schon haben?

VAL.: Nein – nicht so ein schlapper – ich möchte einmal einen steifen.

VERK.: Steife sind aber gegenwärtig nicht so beliebt wie schlappe.

VAL.: Ich möchte aber lieber einen steifen.

VERK.: Hier bitte – darf ich probieren?

VAL.: Bitte[.]

VERK.: Sie haben recht – der steht Ihnen sehr gut – – besser wie ein weicher.

VAL.: Mein[er] Frau gefällt auch ein steifer besser.

VERK.: Und ist eine gute Qualität. Allerdings nach längerer Benützung verliert er ja die Steifheit und wird von selber weich – – 15 Mark – die Kasse ist nebenan. Auf Wiedersehen, mein Herr!

Die Maus

1943

SIE *(zum Gatten)* Weisst Du schon das Neueste? – In unserem Schlafzimmer ist seit einigen Tagen eine Maus.

ER Ja, warum lässt denn eine Maus in ein Schlafzimmer hinein?

SIE Blödes Geschwätz! Niemand hat sie hinein lassen, die wird halt von selbst hinein gekrochen sein.

ER Gekrochen??

SIE Na ja! Hineingeflogen wird sie nicht sein.

ER Wenn es sich um eine Fledermaus handelt – muss sie fliegen – eigentlich flattert eine fliegende Fledermaus – handelt es sich aber in unserem Falle um eine gewöhnliche Maus ohne Fleder, dann ist die Maus in unser Schlafzimmer hinein gelaufen. Also, – Maus, oder Fledermaus, – das muss zuerst festgestellt werden, wegen der Fangart. Also was war das für eine Maus?

SIE Das weiss doch ich nicht, ich habe doch die Maus nicht gesehen.

ER Ja, wie kannst Du dann behaupten, eine Maus ist in unserem Schlafzimmer.

SIE Na, weil ich sie gehört habe.

ER Gehört! – Ja das ist doch nicht schlimm, wenn Du eine Maus nur hörst, – denn das Hören einer Maus tut doch nicht weh, – weh tut es, wenn Dich eine Maus beisst.

SIE Das könnte doch sein, dass die Maus zu mir in's Bett kriecht[.]

Er Ha! wer wird zu Dir noch in's Bett kriechen?

Sie Sei nicht unverschämt – ich meine, wenn die Maus zu mir in's Bett hinein kriecht und beisst mich?

Er Dann hast Du die Maus nicht gehört, sondern gespürt, – und wenn sie beisst, dann schreist Du mir sofort. Dann komme ich mit dem Holzbeil und schlage die Maus tot – sollte ich aber von meinem Stammlokal noch nicht zu Hause sein, dann lasse die Maus ruhig an Deinem edlen Körper weiternagen und danke Deinem Schicksal, dass es kein Königstiger ist.

Heirats-Annonce

1940.

(Schalterraum-Geräusche, Zeitungblättern).

RUNDFUNK-ANSAGER: Verehrte Hörerinnen und Hörer! – Wir bringen Ihnen nun einen Hörbericht von einem Schalterraum des »Allgemeinen Stadtboten«. – Wir schalten um! –

V: Verzeihen Sie, Fräulein, bin ich hier am richtigen Schalter? In Ihrer Zeitung stand eine Heirats-Annonce: »Einsame Witwe sucht zum 2. Mal ihr Glück in der Ehe, u. s. w.«. Ich habe diese Annonce gelesen – ungefähr – vor 4–5 Wochen in Ihrem Blatte und die Zeitung ging mir verloren. Oh bitte, sind Sie doch so gut und suchen Sie mir die Zeitung mit dieser Annonce!

K: Ja Du lieber Gott, wenn Sie nicht den genauen Datum wissen, lässt sich das schwer machen.

V: Die Annonce war ungefähr 5 cm lang und 3 cm breit. »Einsame Witwe sucht zum 2. Mal ihr Glück u. s. w.«

K: Vor 4 bis 5 Wochen, sagen Sie? – Ja, Sie können doch nicht verlangen, dass ich alle diese Zeitungen, die seit 5 Wochen erschienen sind, durchblättere!

V: Sind Sie doch so lieb! Vielleicht ist es schon in den ersten Nummern enthalten!

K: No, – das wäre ein grosser Zufall!

V: »Einsame Witwe sucht zum 2. Mal ihr Glück in der Ehe u. s. w.«. Die Annonce ist ungefähr 5 cm lang und 3 cm breit.

K: Das ist doch unmöglich, unter so vielen Zeitungen die Anzeige herauszufinden!

V: Aber es ist drin g'standen!

K: Ja, ja, da steht mehr drin!

V: Ja das andere interessiert mich nicht; mich interessiert nur die eine Annonce. Die Annonce ist, wie gesagt, cirka 5 cm lang und 3 cm breit, und der Text ist: »Einsame Witwe sucht zum 2. Mal ihr Glück in der Ehe usw.[«]

K: Ja, so schau'n Sie doch her, das ist jetzt schon die 10. Zeitung; ich habe doch schliesslich andere Arbeit auch noch zu machen!

V: Fräulein! Sind Sie doch so nett! Sie helfen mir vielleicht zu meinem Glück! Es hängt alles von dieser Annonce ab, von dieser kleinen Annonce, 5 cm lang und 3 cm breit, »Einsame Witwe sucht zum 2. Mal ihr Glück in der Ehe u. s. w.«

K: Ja, das weiss ich jetzt bereits, wie die Annonce lautet, aber Sie sehen ja selbst, – ich finde diese Annonce nicht.

V: Vor 4 bis 5 Wochen habe ich dieselbe selber gelesen: »Einsame Witwe sucht ... [«]

K: Ja, so hören S' doch jetzt endlich einmal auf, mit der einsamen Witwe!

V: *Aufhören,* Fräulein! – *Anfangen* will ich mit der einsamen Witwe, nicht aufhören! Deshalb ersuche ich Sie ja, so lange zu suchen, bis wir sie haben! Die Annonce ist ungefähr ...

K: ... 5 cm lang und 3 cm breit! Solche Annoncen in dieser Grösse sind nach den Hunderten in unserer Zeitung.

V: Ja, ja, das glaube ich schon, aber es handelt sich ja bei

dieser Annonce nicht nur um die Grösse allein, sondern um den Text – »Einsame Witwe sucht zum 2. Mal
ihr Glück in der Ehe«[.]

K: Ja Ehe! – – Ehe wir die Annonce finden, suchen's Ihnen
a andere Witwe! Da gibt's genug in München!

V: *Nein,* – ich will nur eine »einsame Witwe, die zum
2. Mal ihr Glück in der Ehe sucht!«

K: Jetzt mag ich nicht mehr! Da schaun's her! Jetzt hab'
ich *alle* Heirats-Annoncen der letzten 5 Wochen durch-
geschaut, da ist keine drin. Haben Sie die Annonce
auch *bestimmt* in unserem Blatt gelesen?

V: Ja, – ganz bestimmt!

K: Vielleicht haben Sie's im »Landboten« gelesen? Wir
sind die Redaktion vom »Stadtboten«.

V: Ja! – Im »Landboten«!

K: Ja, Sie saudummer Hanswu …

Rundfunk-Ansager: Wir schalten um!

Ehescheidung vor Gericht!

Komödie von Karl Valentin und Liesl Karlstadt 1933.

RICHTER: *(zum Angeklagten Peter Zellner)* Sie heissen Peter Zellner, sie sind angeklagt wegen weiblicher Körperverletzung, sie haben ihrer Frau nach 25 jähriger glücklicher Ehe einen Suppentopf auf den Kopf geschlagen, stimmt das?

P. ZELLNER: ja ich möcht mich von ihr scheiden lassen.

RICHTER: Sie haben ruhig zu sein, wenn ich sie frage. Also warum haben sie ihre Frau geschlagen?

P. ZELLNER: Weil i mi wahrscheinli – scheiden lassen möcht von ihr.

RICHTER: Sie sollen nur antworten wenn sie gefragt sind – ich frage sie zum letzten Male, wollen sie mir den Grund erklären warum sie ihre Frau geschlagen haben?

P. ZELLNER: Geschlagen hab ich's net – ich hab ihr blos an Suppenhafen nauf g'haut!

RICHTER: *(zum Gerichtsdiener)* Führen sie den Mann einstweilen ab, bis ich die Zeugen vernommen habe.

P. Zellner: Jawohl – jawohl!

(Gerichtsdiener führt ihn hinaus).

RICHTER: Wir schreiten jetzt zur Zeugenvernehmung, wir haben heute 2 Fälle – also einmal Peter Zehner gegen Ehefrau Mizzi Zehner wegen Körperverletzung und Strohberger gegen Obermaier wegen Kurzschluss. Wir vernehmen nun im Falle Zehner die Zeugen. Als erster Zeuge Frau Mizzi Zehner geb. Fledowsky. Die Frau soll eintreten.

Gerichtsdiener: Frau Mizzi Zehner eintreten.

Mizzi Zellner wird hereingeführt.

M. ZELLNER: Küss die Hand, Herr Landesgerichtsrat!

RICHTER: Sie sind die Zeugin Frau Mizzi Zellner?

M. ZELLNER: Ja, Herr Landesgerichtsrat.

RICHTER: Sagen sie, warum hat ihnen ihr Mann einen Suppentopf auf den Kopf geschlagen?

M. ZELLNER: Also, dass ich ihnen sag, Herr Landesgerichtsrat. F war an an Dunnerstag, z'Mittag woars, i stell grad dö Suppen aufn Tisch, fangt mei Alter scho zum schimpfen an, d'Suppen z'hass und das Fleisch war zu hoat, Gottigkeit als wann i net kochen kunntat, i bitt ihna, i und net kochen könna, wo i do von aner oalten echten Wiener Fleischhackerfamülie astamm.

RICHTER: Also zur Sache – zur Sache!

M. ZELLNER: Also dass i ihna sag, an den Dunnerstag durtzumal warn ma beim Mittagsmahl – es hat grad a g'schnittne Nudelsupp'n geb'n – mir essen dö gschnittne Nudelsuppn und i red ka Wurt und a Wurt gibts andere und auf amal is da Wirbel scho aaganga. Geht der Lackl her, nimmt den blauemaillierten 5 Gulden Weiling und setzt man direkt auf'n Schädel auffi. Wann i ihna sag, dö g'schnittna Nudeln san ma direkt übers G'sicht abigrennt. Dös hätt ma aber gar nix no ausgmacht, wann net zur selben Zeit zwaa fremde Menschen in da Wohnung gwesen warn. Da Zimmerherr der Herr Schulze hats gsehn und dö grösste Tratschn, unser Millifrau dö Schnellin, dö muass a no da sein, dass in andern Tag dö ganze Goss'n waas. Und dös hätt ma no allwei nix gmocht, aber denkens ihna, unser Bua, da Koarl sitzt dabei und muass dös alles mit anhörn. Dös Kind muass zuschaugn, wie der leibliche Vater dö leibliche Muatter drangsaliert. Was tuat das Kind? Nimmt den Vater bei der Huasten und bögelt'n in a Eck zuawi. Und warum hat er dös gmacht? – Weil er sein liaben Muatterl zu Hilfe eilen musste.

RICHTER: Jst gut – sie können wieder gehen[.]

M. ZELLNER: J bin so frei, Herr Landesgerichtsrat – i dank schö, küss die Hand, Herr Landesgerichtsrat! (ab).

GERICHTSDI[E]NER: *schneuzt sich lange und umständlich)*

RICHTER: So! Haben sie es nun bald! – Jetzt wenn sie dann langsam fertig sind mit dem Schnupfen und Schneuzen, dann lassen sie gefälligst den nächsten Zeugen herein.

GERICHTSDIENER: *(will Zeugen holen)*

RICHTER: Halt, wo wollen sie denn hin?

GERICHTSD.: Den nächsten Zeugen möcht ich reinholen.

RICHTER: Ja wissen sie denn überhaupt wer der nächste Zeuge ist?

GERICHTSD.: Nein – ich sags ja mit lauter pressieren.

RICHTER: Als nächsten Zeugen vernehmen wir den Sohn des Angeklagten, Karl Zellner, er soll eintreten.

GERICHTSD.: Der Zeuge Karl Zellner soll eintreten.

K. ZELLNER: *(in Mütze) tritt ein.*

RICHTER: Wollen sie ihre Mütze sofort abnehmen?

K. ZELLNER: Sie ham ja aa eahna Kappe auf.

RICHTER: Jch verbitte mir die Frechheiten, nehmen sie die Mütze ab. Sie sind der Sohn von Herrn und Frau Zellner?

K. ZELLNER: Olwei scho'!

RICHTER: Wie?

K. ZELLNER: Allerweil schon.

RICHTER: Sie waren also Zeuge dieses a[b]scheulichen Familienzwistes, finden zwischen ihren Eltern öfters solch hässliche Scenen statt?

K. ZELLNER: Wia moanas denn dös?

RICHTER: Ob sich dergleichen Vorfälle des öfteren ereignen?

K. ZELLNER: Ja mei dös woass i a net so genau, weil i net allawei dahoam bin denn vormittag geh i allawei no zum stampfa –

RICHTER: Wie?

K. Z[ELLNER]: – zum stempeln und vor so a vierzehn Tag is halt auf amal aufganga bei uns dahoam – i hätt mi glei z'schnulln kenna – er koppt oiwei an sie hin, dass sie so letschert, i woass a net was eahm net passt, da hat er ogfangt – ja was willst denn mit deiner altbachan Kocherei, gell früher hast du mit Liebe kocht aber jetzt kochst blos mehr mit Margarine. Von morgen ab geh in d'Volksküch und du konnst dein Frass selber fressen. Dös war scho gelungen, net?

RICHTER: Ja und dann?

K. ZELLNER: Ja dös könnas eahna ja denken, auf dös nauf da hat er meiner Muatter so unbandig prasselt, na hat sie zu eahm gsagt, sei froh dass d'überhaupt was warms z'fressen kriagst und auf dös nauf is er aufganga wie die Morgensonne. Na hab i gsagt, geh Vater mach doch koane Mäus, werst doch net mit da Muatter auf [oa] mal s'raffa ofanga – dös is ja a alter Huat, hab i gsagt. Aber daweil wars scho z'spät, denn bis i a bisserl umananda blinzelt hab g'habt, hat er auf oamal an Suppenhafen packt und hat'n ihr am Kohlrabi naufg'haut.

RICHTER: So – das genügt mir.

KARL ZELLNER: Ja – ihr hats aa genügt.

RICHTER: Jch meine sie sind fertig – sie können jetzt gehen.

K. ZELLNER: Dös tu[a] i scho, moanas dass i ewig da herin bleib'n möcht, mir wars ja schö gnua – jeee da Schutze is a da – was isn mit eahm, hat er heut selber net kemma könna, weil'sn blos hingmal'n ham?

RICHTER: Verlassen sie den Gerichtssaal!

K. ZELLNER: *(ab)*

RICHTER: So eine Frechheit! Man möchte es nicht für möglich halten, was sich die jungen Leute heutzutage alles erlauben. Haben sie's gehört?

GERICHTSD.: Das ist die Jugend von heutzutag.

RICHTER: Ja, ja die Jugend von heutzutag. So jetzt gehen wir wieder weiter und vernehmen den nächsten Zeugen [H]ermann Schulze aus Magdeburg Zimmerherr bei Familie Zellner.

GERICHTSD.: Zimmerherr aus Magdeburg.

RICHTER: Nein, Hermann Schulze, Zimmerherr bei Familie Zellner.

GERICHTSD.: Also, na is er doch a Zimmerherr.

RICHTER: Ach was, lassen sie den Zeugen eintreten.

SCHULZE: n'Tach!

RICHTER: Sie sind Hermann Schulze aus Magdeburg?

SCHULZE: Jawohl, det stimmt!

RICHTER: Sie waren an dem fraglichen Mittag Zeuge als Herr Zellner seiner Frau den Suppentopf an den Kopf warf?

SCHULZE: Ja, ja, det habe ick jesehn, aber ich gloobe, die janze Jeschichte ist mehr Ulk jewesen, sehn sie mal, wenn Zellner seine Olle schon totschlagen wollte, na dann hätte er doch 'nen harten Jejenstand jenommen, nich so'n ollen Suppentopf, det is meine Ansicht.

163

RICHTER: Es handelt sich hier nur um das ob sie gesehen haben, dass Herr Zellner seiner Frau den Suppentopf auf den Kopf geschlagen hat?

SCHULZE: Na jeschlagen, wat heest hier jeschlagen, Zellner hat ihr man den Topf 'n bisschen uffjesetzt! Na wenn schon!

RICHTER: Sie können abtreten.

SCHULZE: Jawohl – n'Tach *(ab)*

RICHTER: So, das hätten wir auch wieder. Als nächsten Zeugen vernehmen wir die Frau Amalie Schnell. Milchgeschäftsinhaberin, Weissenburgerstraße 14/o.

GERICHTSD.: Ja da sitzt oane drauss, so a freche, die war erst kurz da, bei so an ähnlichen Fall.

RICHTER: Das scheint ja eine gerichtsbekannte Person zu sein, lassen sie die Frau Amalie Schnell eintreten.

GERICHTSD.: Die Frau Amalie soll schnell eintreten.

RICHTER: Nein, die Frau Amalie Schnell soll eintreten.

GERICHTSD.: Also nicht schnell.

RICHTER: Nein, sofort soll sie eintreten.

GERICHTSD.: Frau Amalie Schnell eintreten – wo sind sie denn?

FR. SCHNELL: Wo wer i denn sei, machas halt eahnere Batzlaugen auf, a halbe Stund wart i jetzt auf dem Bankerl da drauss'n und der Chines sieht mi net, da kriegt ma ja Plattfüass bei euch herin, grüss Gott Herr Amtsrichter, wie gehts immer?

RICHTER: Halt, halt, sie befinden sich jetzt hier am Gericht und nicht in ihrem Milchladen.

FR. SCHNELL: Dös woass i schon – mein Lad'n hab i so zusperr'n müass'n, weg'n dene lumpigen 2 Markl Zeugengeld, dö wo ma da bei enk herin kriegt.

RICHTER: Das möchte ich von vorne her[e]in bemerken,

sie haben nur zu sprechen wenn sie gefragt sind, verstanden?

FR. SCHNELL: Da brauchens koa Angst ham, i bin froh, wenn ich nichts reden brauch, i muass in mein Millilad'n scho gnua red'n an ganzen Tag mit dene damischen Weibsbilder.

RICHTER: Sie waren am 3.5. ds. Jahrs. in der Mittagszeit zufällig in der Wohnung der Familie Zellner ...

FR. SCHNELL: Jawohl, dös hab i alles ghört und gsehn, da wenn was wissen wolln, da brauchas blos mi frag'n, da kenn i mi aus – redens nur zua, na werds ihna wieder leichter.

RICHTER: Und sie waren Zeuge des Familienzwistes – wer ist nun nach ihrer Meinung der schuldige Teil?

FR. SCHNELL: O mei, da mag i gar net 's reden anfanga, wissens der Mo hat ganz recht ghabt, einer solchenen Matz wie dö is, der ghörts scho net anders. Zehn Jahr hat sie bei mir alle Tag d'Milli g'holt in da Früah und seit 14 Tag muass i der gnädigen Frau d'Milli ins Haus bringa. Als wia wenn der alte Trankhafa koa Zeit hätt, dö werd a so no gstinkat vor lauter faulenzen. Wasch'n lassts aussern Haus, ihr Mann muass ihr d'Hausarbat mach'n, d'Kohlen aus'm Keller raufhol'n, am Markt schickt's nüber um d'Kartoffe'n, ja wissens der Mo is wia umg'wandelt, wenn sie zu dem vor am Jahr gsagt hätt'n er muss seiner Frau am Markt Kartoffeln holn, i glaub dann hätt er eahna zriss'n vor Wuat und auf oamal is der Mo a solches Simandl worn, a solcher Pantoffelritter dass da Welt ungleich is, i konn mas net denka, was da los is. Und neulich war i grad per Zufall in der Wohnung bei die Zellners und da is eahm halt amal z'dumm worn und auch mit Recht. G'stunkn hats in dera Wohnung, mein Gott gstunka, da hats gröste Kartoffe gmacht und dö hats obrenna lass'n de alte Wildsau – i möcht blos wiss'n was de an ganzen Tag notwendigs z'toa hat, dass net amal was gscheits Fressen aufn Tisch bringt. – Und dö Frau war früher gar net so, die is auf oamal wie umgwandelt, wenn i sag, 10 Jahr hats alle Tag in da Früah ihr Milli selber g'holt, wia a jede anständige Hausfrau und auf oamal hat sie koa Zeit mehr, de alte Schlingpflanzen. Der Mo hat ganz recht g'habt, dass er ihr amal zeigt hat wer der Herr im Haus is, ganz recht hat er ghabt, dass er ihr an Suppenhaf'n naufghaut hat aufn Schädel *(haut ihn auf den Kopf)* Nur um d'Supp'n da is schad – dös is meine Ansicht, Herr Amtsrichter.

RICHTER: Es ist gut, sie können gehen.

FR. SCHNELL: Aber das möcht i eahna no sag'n, dass das ein ganz hinterfotziges Frauenzimmer is.

RICHTER: Wollen sie machen, dass sie hinauskommen *(deutet mit Finger)*

FR. SCHNELL: Dö tuat eahna zerscht recht schön ins G'sicht und wenns draussen is dann schimpfts über eahna *(haut ihn auf die Hand)*

RICHTER: Machen sie, dass …

FR. SCHNELL: Nicht dass sie vielleicht glauben ich bin eine bösartige Person, ich sag über keinen Menschen was, aber fragns amal in unserer ganzen Nachbarschaft, was d'Leut über dös Weibsbild sagen – schaugns eahna doch den arma Mo an, dabarma kunnt er oan – i mag ja gar riet reden das ist ein bitterböses Weib – das ist eine Schindermatz und bleibt eine Schindermatz in alle Ewigkeit, Amen *(stösst mit dem Gerichtsdiener zusammen). [(] Beide sehen verblüfft nach)*

RICHTER: So eine Unverschämtheit *(haut aufs Tintenfass)* So ein böses Weib, da kommt man ja gar nicht mehr zum reden. Unerhört!

GERICHTSD.: Das ist eine Gemeinheit!

RICHTER: Ja das sagen sie! Und wo waren sie in der Zwischenzeit?

GERICHTSD.: Jch war drauss, Herr Amtsrichter.

RICHTER: Sie haben nicht hinauszugehen, was haben sie draussen gemacht?

GERICHTSD.: Entschuldigens, aber ich hab naus müssen!

RICHTER: Sie haben nicht hinauszumüssen, sie laufen da in der Weltgeschichte herum und ich kann mich allein mit den Zeugen herum ärgern. Dort ist ihr Platz und dort haben sie zu bleiben. Jetzt wirds mir zu dumm! Wir beschliessen nun die Zeugenvernehmung im Falle Zellner. Die Zeugen können alle abtreten. Wir vernehmen nur mehr den Angeklagten Peter Zellner. Er soll hereinkommen.

GERICHTSD.: Der Angeklagte Peter Zeilner soll hereinkommen.

P. ZELLNER: *(kommt rein).*

RICHTER: Was haben sie noch zu sagen?

P. ZELLNER: Ja mei, da kann ma nimmer recht viel sag'n, 25 Jahre warn mir gut verheirat, sie hat ma alles to was ma von die Aug'n abg'sehn hat aha jetzt, seit ara, seit ara …

RICHTER: No, no

P. ZELLNER: … seit ara 4 Wochen stimmts auf o[a]mal nimmer, sie koch[t] ma in da Fruah koan Kaffee nimmer, z'Mittag krieg i nix z'ess'n, auf d'Nacht muass i mir mein Leberkas selber holen, sie näht mir keinen Hosenknopf mehr an, mit solchenc Sacktüchln lasst's mi umananderlaufen *(zeigt schmutziges Taschentuch her)*

RICHTER: Pfui, nehmen sie das Tuch weg, das ist ja schauderhaft.

P. ZELLNER: J woass scho, das ist zum grausen, aber so ähnlich schaugt mei Hemad a scho bald aus, wie gesagt sie kümmert sich nicht im geringsten mehr um mich, sie lässt mich direkt verwahrlosen. Jawohl, a solche is dös worn.

RICHTER: Ja aber warum kümmert ihre Frau sich nicht mehr um sie?

P. ZELLNER: Ganz einfach, weil sie koa Zeit mehr hat für mi!

RICHTER: Und warum hat sie keine Zeit mehr für sie?

P. ZELLNER: Ja dös is eben.

RICHTER: Geht ihre Frau viel spazieren?

ZELLNER: Na, dös kunnts gar net damacha, sie hat ja so wehe Füass!

RICHTER: Oder geht sie viel ins Kino?

P. ZELLNER: Na an Kinomatograph leids scho net recht bei uns dahoam, Herr Suppentrichter – ah, Herr Amtsrichter – i bin scho ganz dappi worn.

RICHTER: Oder ratscht ihre Frau gern?

P. ZELLNER: Na, dös kunnt i eigentlich weniger sagn, da is sie gar net dö passende Person dazua.

RICHTER: Hat ihre Frau vielleicht einen Hausfreund?

P. ZELLNER: Hahahaha, die 25 Jahr is mir dö treu blieben, dös woass i gwiss, müsstats mi alla weil hoamli hinterganga ham, dös woass i net, muass ichs extra amal morgen fragen.

RICHTER: ja was ist denn dann die Ursache, dass ihre Frau keine Zeit mehr für sie hat?

P. Zellner: Dös kunnt i eahna genau sagn, Herr Amtsrichter ...

Richter: Sie wissen es?

P. Zellner: Freili woass ich's – – –

Richter: Ja dann sagen sie's doch[.]

Zellner: Dös kann i net Herr Richter[.]

Richter: Was heisst, dös kann ich net? Vor Gericht müssen Sie *alles* sagen[.]

Zellner: Na ich kann[s] net sagen – und ich kanns net
sagen – dös geht einfach net Herr Richter[.]

Richter: Warum können Sie es nicht sagen?

P. Zellner: O mei – o mei – verstehens mich doch Herr
Richter, ich kanns net sagen und ich kanns net sagen[.]

Richter: Ja is denn das so arg?

Zellner: O mei, noch viel ärger[.]

Richter: Ist es eine sexua – – –

Zellner: *(hält den Finger an den Mund)*

Richter: Ha ha, ich verstehe[.]

Zellner: Ich bitte um Ausschluss der Oeffentlichkeit[.]

Richter: *(steht auf)* Die Verhandlung wird unter Ausschluss der Oeffentlichkeit weitergeführt[.]

Vorhang zu

Gerichtsdiener *erscheint vor dem Vorhang, macht in den
Zuschauerraum eine lange Nase und sagt:* Ah – äh!!!!!

Ende.

Theaterbesuch

Personen: Der Mann/Die Frau/Nachbarin. Altmodisches, einfaches Zimmer mit Kommode, Tisch, 2 Stühle, kleines Tischerl, elektrische Hängelampe, Kleideraufhänger und Geschirr.

MANN *sitzt und liest Zeitung.*

FRAU *(kommt):* Du, Alter, denk dir nur, jetzt geh ich eben über d'Treppen rauf, da begegnet mir unsere Hausfrau und hat mir schon wieder was g'schenkt – rat amal, was mir g'schenkt hat?

MANN: Sei net kindisch – sags halt.

FRAU: Da schau her, zwei Theaterbilletten für'n Faust – was sagst denn du dazu?

MANN: Dank schön!

FRAU: Jetzt dürfen wir heut noch in's Theater gehn.

MANN: Wann geht denn dös an?

FRAU: Dös weiß i net – i geh nunter und frags nochamal.

MANN: Dös geht halt um ½ 8 Uhr an.

FRAU: Jetzt is ja schon ¾ 7 Uhr, da tät ma nimmer fertig werden!

Aber die Theater gehn doch meistens erst später an – um 8 Uhr.

MANN: Naa, zwischen ½ 8 Uhr und 8 Uhr geh'ns an.

FRAU: Nein, vor 8 Uhr auf keinen Fall. Immer gehn die Theater erst später an; weißt noch, vor vier Wochen war'n ma amal in an Frühschoppen, der ist erst um 10 Uhr angegangen.

MANN: Ja, was mach ma denn da?

FRAU: Überleg dir's halt net lang, komm!

MANN: Gegessen ham ma auch noch nicht.

FRAU: Das Essen ist fertig.

MANN: Ja, i werd scho fertig, gekämmt bin ich gleich.

FRAU: Das kannst hernach machen, jetzt eß' ma z'erst.
(Geht ab.)
(Man nimmt Spiegel und stellt ihn auf den Tisch, dieser fällt immer um)

FRAU *(kommt mit Essen):* So jetzt schaun ma, daß wir weiter kommen. Ja gibts denn dös auch – stell'n halt auf.
(Spiegel bleibt stehen, aber verkehrt)

MANN: Ich kann doch net sooo neinschau'n.

FRAU: Dreh ihn halt um.
(Mann dreht ihn um, fällt wieder um. – Frau stellt ihn richtig hin. – Mann kämmt sich Bart und Haare)

FRAU: Jetzt möcht ich bloß wissen, was da zu kämmen gibt – da kannst doch keinen Scheitel mehr machen, aus der Mordstrumm-Platt'n.

MANN: Das bin ich noch so gewöhnt von früher her.

FRAU: Wie nur der Mensch so eitel sein kann – für wen richtst dich denn gar so schön z'samm, mir g'fallst und wem andern brauchst net gfallen.

MANN: Vielleicht sitzt im Theater ein sauberes Madl neben mir. FRAU: Die wird dann grad dich anschauen, die schaut doch den Faust an!

MANN: I mein ja in der Pause …
(Frau geht und bringt Essen – Schüssel mit Kraut und ein paar Würstchen.)

MANN: Eintopf!

FRAU: Bei uns hats doch noch nie was anderes geb'n. *(Jeder kriegt eine Wurst, er nimmt sie und vergleicht sie, gibt Frau die kleine, er behält die längere. — Beide fahren mit Gabeln ins Kraut, vergabeln sich, er schlägt die Gabeln mit Messer auseinander.)* Da, jetzt ist sie krumm, jetzt weiß ich wenigstens, wer unsere Gabeln immer so kaputt macht. Also eß ma schnell.

MANN: Schnell soll man nicht essen, das ist ungesund.

FRAU: Da hast a Kraut! *(Gibt es ihm)*

MANN *(wirfts mit der Hand zurück):* Ich nimm mir mei Sach scho selber. *(Er schaut in den Spiegel hinein.)*

FRAU: Mach doch keine Geckerl, unter'm Essen braucht man doch nicht in den Spiegel schaun.

MANN: Gerade da – dann hat man zwei Portionen. *(Beide essen)* Was mach ma denn mit unserem Buben, wenn er von der Arbeit heimkommt?

FRAU: Da hab ich schon drandenkt. – S'Essen müß ma ihm warm halten und bevor wir fortgehen, müß ma ihm an Zettel schreiben – iß nur du weiter, den schreib ich gleich. *(Holt aus der Kommode Papier und Tinte.)* Dann schreib ich, daß wir nicht daheim sind.

MANN: Dös brauchst ihm net schreiben, das sieht er ja selber – aber dös mußt ihm schreiben, daß wir fortgangen sind.

FRAU: Das mein ich ja! Ich schreibe ihm, daß wir nicht da sind, weil wir abwesend sind.

MANN: Schreibst: München, den – – –

FRAU: Nein, ich schreib: Lieber – – –

BEIDE: Ja, wie hoaßt jetzt der?

FRAU: Du als Vater wirst doch wissen, wie der Bub heißt –

MANN: Du als Mutter mußt es viel eher wissen.

FRAU: Weil man eben immer Bub zu ihm sagt, ja wie heißt er denn?

MANN: Wart – ich frag die Nachbarin.

FRAU: Naa – da wer'n ma doch selber drauf komma, Jeßmarandjoseph – ah Joseph heißt er – Also: Mein lieber Joseph – – –

MANN: Das kannst net schreiben, weil er mir auch g'hört.

FRAU: Dann schreib ich halt unser lieber Joseph, das d'a Ruah gibst. – Unser lieber Joseph.

MANN: Sehr geehrter Herr, unser lieber Joseph –

FRAU: Dein Essen steht in der Küche am Ofen, mach es dir warm, weil es schon kalt ist …

MANN: Es ist bereits Dezember –

FRAU: Ich mein doch's Essen – – kalt ist und weil wir ins Theater gehen müssen.

MANN: Wenn ma net mögen, müß ma net …

FRAU: Dann schreib ich dürfen – können – wollen – sollen –

MANN: werden.

FRAU: Dann sind wir doch schon fort, wenn er den Zettel liest.

MANN: Dann schreibst: gegangen sind.

FRAU: Sollte das Theater aus werden, dann kommen wir sofort wieder nach Hause. Es grüßen dich

MANN: Hochachtungsvollst

FRAU: Deine fortgegangenen Eltern, nebst Mutter.

MANN: Bei die Eltern ist doch d'Mutter schon dabei!

FRAU: Dann mach i halt an Punkt, sonst liest dös Rindviech weiter.

MANN: Jetzt schreib noch hin: Solltest du aber das Essen lieber kalt mögen – dann brauchst du es nicht warm zu machen.

FRAU: Weil es sonst zu heiß wird. So, den legen wir jetzt am Tisch her. Oder vielleicht sieht er ihn da net Blei – er geht doch meistens bei der Tür herein, dann legen wir den Zettel am Boden her – – –

MANN: Dann tritt er drauf mit dö schmutzigen Stiefeln und kann ihn nicht mehr lesen. *(Stellt ihn auf das Seitentischerl mit Blumenvase)*

FRAU: Das ist nichts, da, mit dem Blumenbukett da meint er ja, er hat Namenstag.

MANN: Er hat aber kein' Namenstag.

FRAU: Aber das irritiert ihn – also das ist nichts.

MANN: Das ist großartig, da schau her, jetzt wenn er kommt, stellt er sich daher, schaut in den Spiegel hinein und denkt sich, was ist denn das für ein Zettel? Dann sieht er ihn.

FRAU: Wir schauen freilich nein, weil wir wissen, daß da ein Zettel liegt – aber er hat ja keine Ahnung, jetzt wenn er nicht neinschaut?

MANN: Das ist Grundbedingung, daß er neinschaut.

FRAU: Wenn er aber net neischaut, dann hast den Zettel umsonst hing'stellt.

MANN: Jaso, halt, ich hab's – jetzt schreibst nochmal an Zettel: Wenn du heimkommst, schaue sofort in den Spiegel.

FRAU: Also: – Wenn du heimkommst, schaue sofort in den Spiegel hinein, dann siegst du was – schreib ich. Sooo – jetzt ham ma uns so lang mit der Schreiberei aufg'halten – jetzt gehts auf 7 Uhr – is gut daß das Theater erst um 8 Uhr angeht.

MANN: Um ½ 8 Uhr gehts an.

FRAU: Ich mein, abspülen tu ich erst morgen früh, sonst wird's zu spät. *(Serviert ab)*

174

MANN *(sucht Kragenknöpferl):* Fanny, wo hast denn mei Kragenknöpferl?

FRAU: Jetzt geht wieder d'Suche nach dem Kragenknöpferl an, 100.000 Kragenknöpferl hab ich dir schon heim –

MANN: Dös is zuviel – oans brauch ich blos.

FRAU: Ich möcht bloß wissen, wo du die Kragenknöpferl immer hinbringst, ich glaub, du frist as direkt. *(Nimmt Knopfschachtel, beide rennen sich die Köpfe zusammen, er findet eins.)* Jetzt mach ich mich fertig – ah, in d'Küch muß ich nochmal. *(Ab.)*

MANN *(ruft):* Wo is denn mein Kragen?

FRAU: Wo'stn gestern hing'legt hast.

MANN *(kann den Kragen mit Knöpferl nicht einmachen):* Fanny, mach mir mein Kragen ein, bevor ich narrisch werd.

FRAU *(kommt mit der Brennschere im Haar):* Du mußt mir schon mei Ruh lassen, sonst werd ich auch nicht fertig – was soll ich denn tun?

MANN: Mein Kragen sollst mir einmachen, sonst wirf ich ihn hinter.

FRAU: Da, heb amal d'Scher!

MANN: Au – dumme Gans, gibts mir die heiße Scher so in d'Hand.

FRAU: Ja, wie soll ich dir's denn sonst geben, ich kann dir's doch net so geben! *(Brennt sich auch)* Auh!

MANN *(wirft das Knöpferl hinter):* Jetzt hab ich mei Knöpferl hintergworfen. *(Er reißt ein paarmal die elektrische Lampe runter und stößt sich den Kopf an.)*

FRAU: Jetzt hat er wieder kein Knöpferl – also wenn'st so weiter machst, dann kommen wir zu spät, dös sag i dir glei. *(Sucht das Knöpferl.)* Vielleicht ist's unterm Diwan?

MANN: Der is ja hingemal'n, da unter dö Kommode is es hing'fall'n! *(Sie bückt sich suchend, er hebt die Kommode etwas auf, Geschirr fällt herunter: Frau schimpft.)*

MANN *(lacht):* Da is ja 's Knöpferl! Wo is denn mei Kragen – –?

FRAU: Jetzt hat er wieder koan Kragen – – – d[a] is er ja!

MANN: Nein, an Kragen, ja, da is er.

FRAU: Ich zieh mich jetzt an, dann is wenigstens eins fertig; soll ich das schwarze Kleid anzieh'n?

MANN: Ja –

FRAU: Oder das braune?

MANN: Ja –

FRAU: Ich kann doch net zwei Kleider anziehn!

MANN: Dann frierts dich net.

FRAU: Wenn man nur dich um was fragt – jetzt ziag i amal 's braune an – dann sehn ma's schon, 's schwarze kann i dann immer noch anzieh'n. *(Ab.)*

(Mann hat den Kragen und die Krawatte an, sucht seine Schuhe und schaut dabei hinauf, findet sie, stellt sie auf den Tisch und zieht sie an, ärgert sich über die Schuhbänder.)

FRAU *(kommt mit dem Kleid):* Geh, mach mir amal mei Kleid ein, das kann ich net allein.

MANN: Auweh – jetzt kommen wieder die 500 Hakerln alle.

FRAU: Nein, brauchst koa Angst ham, i hab ja an Reißverschluß hinmachen lassen.

(Mann macht Reißverschluß zu.)

FRAU: Dös war doch früher furchtbar; wenn man ein Hakerl zugemacht hat, dann is das andere wieder auf-g'hupft und beim Ausziehen, wenn man eins aufgmacht hat, is dös ander wieder zug'hupft.

MANN: Jetzt red net lang, schau daß d' fertig wirst. *(Es reißt ihm das Schuhband ab, er schimpft.)*

FRAU: Sei doch net so nervös! Ich weiß net, andere Leut gehn doch auch ins Theater.

MANN: Das sind auch keine Schuhbandl'n.

FRAU: Das nächstemal zieh ich dir a paar Drahtseil ein – aber die reißt du auch noch ab. *(Ab.)*

(Mann zieht Schuhe, Weste und Joppe an)

FRAU: Ich weiß net, der Hut, find ich, paßt net recht zu dem braunen Kleid.

MANN: Setz an andern auf – schick dich! *(Er setzt Hut auf und ist fertig)*

FRAU: Und der macht mich furchtbar frech –

MANN: Der hat mir noch nie g'fall'n.

FRAU: Ich setz das Theatertuch auf, das steht mir auch besser.

MANN: Das tust – aber geh – mach – wir kommen zu spät – *(Wird nervös)*

FRAU *(sucht Taschen und Fächer):* Jetzt muß ich noch a bissen aufräumen.

MANN *(schimpft):* Ja, d'Stieg'n tät ich noch putzen und d'Fenster putzen, langweiliges Frauenzimmer.

FRAU *(schimpft auch):* Ja, sei nur net so grantig! Ich kann doch auch nichts dafür, daß i zwei Billetten gschenkt kriegt hab. –

MANN: Dös Mistviech soll 's nächstemal selber ins Theater gehn und andere Leut net damit belästigen. *(Streit.)*

FRAU: Ich darf mich nur amal auf was g'freun, bei uns is amal a so, zum Arbeiten bin i 's ganze Jahr guat g'nua, aber –

MANN: Und i zum Verdienen.

FRAU: Jetzt gehts scho wieder dahin, i kenn di schon, jetzt

hörts wieder nimmer auf, jetzt wird an ganzen Weg g'stritten und im Theater drinn wird g'stritten und die halberte Nacht hernach wird aa noch g'stritten! Aber dös sag ich dir, auf a solches Vergnügen verzicht i von vorn herein. Da bleib i lieber daheim und du gehst allein ins Theater.

MANN: Wie kann ich denn mit zwei Billetten allein ins Theater gehn?

FRAU *(weint und setzt sich):* Ich kann doch schließlich nichts dafür, wenn mir wer zwei Billetten schenkt.

MANN: Auf das hab ich g'wart, marsch! Vorwärts ins Theater –

FRAU: Ich hab mich so aufg'regt, du weißt, ich kann die Anschreierei nicht vertragen, ich will nicht mehr fortgeh'n und ich kann nicht mehr fortgeh'n; meinetwegen gehst ins Theater, mit wem du magst? Ich zieh mich jetzt aus und geh ins Bett, ich hab so viel Kopfweh kriegt, jetzt – – –

MANN: Dann nimmst a Kopfwehpulver! *(Gibt ihr's)*

FRAU: Da brauch ich dich net dazu, geh hin, wos d' magst, i geh ins Bett! *(Schluckt die Pille, ab)*

MANN: Halt, hast as schon runtergschluckt? Schlucks rauf!

FRAU: Hast mir was Falsches geb'n?

MANN: Weilst aber auch alles nunterfrißt!

FRAU: Red, was hast mir denn geb'n?

MANN: Da – Peters Laxierpillen –

FRAU: Da hast ja jetzt was saubers angstellt, dös sind ja Peters Laxierpillen! Da stehts: Prompte Wirkung binnen einer Stunde! Jetzt is ½ 8 Uhr, da sitz ma dann grad im Theater um ½ 9 Uhr und da gehts dann los.

MANN: Um ½ 8 Uhr gehts los.

FRAU: Ich mein ja bei mir; aber dann genga ma halt jetzt, vielleicht sind wir bis dahin wieder daheim. Ich möcht bloß wissen, ob's bei andere Leut auch so zugeht, wenns fort gehn, wie bei uns.

MANN: Genau so!

FRAU: So kanns ja gar nirgends zugehn!

MANN: Dö sag'ns bloß net. Also gehn ma.

FRAU: Und g'schlampert bist wieder anzog'n, dös kann ma dir nimmer abg'wöhna, ja, was hast denn du für a Hemd an?

MANN: A Herrnhemd.

FRAU: Mit dem Hemd wirst doch net ins Theater gehn woll'n, das ist ja dein ältestes, dös hast ja schon 14 Tag an.

MANN: Dös sieht ma doch net!

FRAU: Nein, mit dem Hemd geh ich nicht fort, keinen Schritt, wenn dich da wer sieht, dö Leut meinen ja, ich bin a Drecksau.

MANN: Dös macht ja nichts.

FRAU: Nein – du ziehst jetzt ein anderes Hemd an! *(Holt eins)*

MANN: Aber den Tag werd ich mir merken; nie mehr, nie mehr ins Theater.

FRAU: Komm, ich helf dir! *(Er zieht sich aus bis aufs Hemd, im selben Moment kämmt die Nachbarin herein mit einer Tasse) (Nachbarin schreit, läßt die Tasse fallen)*

FRAU: Warum klopfen S' denn net an, und du stehst nackt da! –

Geh ins Schlafzimmer! *(Er geht ab.)* Wir haben keine Zeit, wir gehen ins Theater.

NACHBARIN: Ah bittschön, a kleins bisserl, a Salatöl wenn S' mir leihen könnten.

FRAU: Sie kommen aber immer im ungünstigsten Augenblick daher, allaweil brauchen Sie was anders. *(Holt die Flasche.)* Also wieviel woll'n S' denn?

NACHBARIN: A kleins Tröpferl bloß.

Frau gibt ihr in die Tasse Öl, er stößt sie dabei.

MANN: Wo hast denn mei Hemd?

FRAU *(das Öl rinnt auf ihr Kleid)*: Jessas, das auch noch, das schöne Kleid, gleich weinen könnt ich.

NACHBARIN: Das ist mir aber peinlich.

FRAU: Da hab ja i nichts davon – das Kleid is kaputt – is guat, daß bloß a Öl ist, dös gibt wenigstens keine Flecken. Langt Ihnen das? Da! *(Gibt ihr die Tasse)*

NACHBARIN: Dank schön – viel Vergnügen. *(Ab.)*

MANN: Wo ist denn mein Hemd?

FRAU: Da liegts doch auf dem Stuhl.

MANN *(sieht, daß es ein Kinderhemd ist)*: Jessas, jessas.

FRAU: Das is ja an Buam sei Hemd, das ist das einzige, das in der Schublade war, du bist ein g'schlamperter Kerl, du weißt ganz genau, daß du bloß zwei Hemden hast – und dö reißt immer raus und sagst nichts davon, zieh halt a Brust an – da hast a frische Brust.

MANN: Die is ja zu lang.

FRAU: Dann reißt du sie ab! *(Tut es.)*

MANN: Schnell ½ 8 Uhr ist es! *(Er zieht sich an. Die Hemdenbrust, Krawatte, Uhr fallen hinunter, er steckt die Uhr in die Hose, da fällt sie durch das Bein, sie gibt ihm Weste, Joppe, Hut, Schirm und dann Überzieher – er fährt ins Futter und dann mit dem Schirm in den Ärmel; großes Durcheinander.)*

FRAU: Jetzt kommen wir zu spät, jetzt müssen wir mit der Straßenbahn fahren, dann steig'n mir aber gleich in den vorderen Wagen ein, daß wir früher hinkommen.

Halt, den Operngucker haben wir noch nicht, den trägst du.

MANN *(läßt ihn fallen):* Der ist kaputt.

FRAU: Mir wärs schön g'nug. *(Macht das Etui auf)* Ah gut, daß keiner drinn war, der wär hin gwesen. Also gehn ma jetzt – hast alles, die Schlüssel, die Geldbörse, a Taschentuch, dein Schnupftabak – hast im Schlafzimmer d'Fenster zugmacht, wenn ein Gewitter kommt? *(Schaut nach)*

MANN: Komm, komm!

FRAU: Also mach's Licht aus und sperr zu!

MANN *(im Finstern):* Billetten hast du?

FRAU: Nein, die hast du!

MANN: Nein du – wart, mach a Licht.

FRAU: Das waar ja jetzt die Höhe, wenn wir jetzt keine Billetten hätten. *(Schaut in ihre Tasche hinein)* Ich hab doch mei Tascherl gar net aufg'macht. Da drüben bist g'sessen und da hab ich dir die Billetten in die Hand geben.

MANN: Vielleicht hast du's da rüber. *(Geht an die Kommode und legt seine Hand hin)*

FRAU: Nein – ich weiß es ganz bestimmt. *(Haut die Schublade zu, sie zwickt ihm Finger ein.)*

MANN: Au – Au – *(Weint, lehnt sich an seine Frau.)*

FRAU: Ich kann dir nur sagen, daß mir vor dem Theatergehn schon bald graust! Wenn wir nur die Billetten hätten, denn ohne Billetten lassens uns ja nicht hinein.

MANN: Halt! *(Zieht sie aus der Hosentasche)*

FRAU: Da sinds ja; jetzt tu ich's aber gleich in mei Tascherl nei, sonst verlierst sie noch einmal, da schau, da hätt ma gleich draufschaun können, da stehts ja, wanns angeht: Anfang 8 Uhr – wer hat jetzt wieder amal recht g'habt –

ich – die Frau hat immer recht – da stehts schwarz auf
weiß – Anfang 8 Uhr.

Mann: Ja stimmt, Anfang 8 Uhr. Freitag, den 17. Juli.

Frau: Wieso Freitag? Heut ist ja erst Donnerstag!!!

(*Beide schauen sich dumm an und der Vorhang fällt.*)

IV. Alles Mögliche

An die Schauspielerin und Sängerin Lotte Lang

München, 28. 1. 33

Sehr geehrtes Fräulein Lotte Lang!

Gestern habe ich Ihren lieben Brief bekommen. Wer hat Ihnen gesagt, dass ich Briefsammler bin? Ich sammle nur Briefmarken; mit diesem Brief haben Sie mir aber doch eine grosse Freude bereitet, denn ich habe von dem Brief die Marke abgelöst und dieselbe in mein Briefmarken Album geklebt unter die anderen »Oestreicher«. Ich sammle schon seit 20 Jahren. Vorher hatte ich eine Mädchensammlung, aber die gab ich wieder auf, da es den Anschein hatte, es wär ein »Buff«. In München ist es gegenwärtig sehr furchtbar kalt, besonders im Freien. Ins Volkstheater geht seit Ihrer Abwesenheit sehr wenig Volk hinein, obwohl sehr viel leerer Platz darin ist. – Sonst nichts Neues – Ich liebe Sie noch immer wie Immer (bitte Herrn Einstein nichts davon merken lassen) Viele Grüsse von der Liesl Karlstadt

Ihr

Karl Valentin

Karl Valentin mit Zylinder, Postkarte, Ende der 20er Jahre

1932/33   An den Ehemann der Sekretärin Eva Friedrich

Gelöbnis!

Die Ehefrau ist fortgereist, sie ließ mich ganz allein.
Die Furcht vor einem Asthmaanfall ist der Grund,
Daß ich bei Tag und Nacht behütet werde;
Hilflos – allein – bin ich ein armer Hund!
Die Eva hat sich mir als ›Schwester‹ angeboten.
›Was sagt dein Mann dazu?‹ sprach ich zu ihr.
›Nichts!‹ sagte sie, ›er hat da keine Zweifel.
Auch ich halt' Sie für einen Kavalier!‹
Ja, Kavalier, das will ich sein!
Es wär' zwar schön mit so'ner jungen Frau, doch nein!
O nein! Ich will ein Ritter sein!
Hier hast du wieder deine Frau, so sag' ich,
Wenn die meine kommt zurück.
Die weiß es, daß ich treu geblieben!
Bin doch schon Fünfzig – und das ist ihr Glück!

Auszug aus: Der überängstliche Hausverkäufer

K: Ist Ungeziefer im Haus?
V: Nein ich bin noch Junggeselle[.]

Auszüge aus: Neue Lichtbilder

Lieber guter Franz!!
»Kehre zurück zu Deiner Gattin«!
Schwiegermutter gestern ausgezogen.
Deine
Liselotte

Arme Frau (ohne Uhr)
bittet edle Menschen
um Angabe der Zeit. –
Postkarte genügt.
Barbara *Blödl*
Abecestrasse oo

Auszug aus: Einige Neuigkeiten

Das Enkelkind unsres Mitarbeiters Karl Valentin Anneliese feierte im vergangenen Jahr ihren zweiten Geburtstag
in völliger geistiger und körperliche[r] Frische. Der blut-
jungen Greisin wurden allerlei Geschenke dargebracht.

Auszug aus: Im zoologischen Garten

KARLSTADT: Hier ist ein Orang Utan, ein Menschenaffe.
VALENTIN: Der schaut aber wirklich blöd; Alte, stell dich
net so nah an das Gitter hin, sonst weiß der Aff net, bist
du im Käfig oder er. *(Gebrüll.)*

Auszug aus:
So amüsiert sich jeder so gut er eben kann

I.

Der Pappa küsst die Köchin
Der Sohn die Gouvernant
Die Mama küsst den Hausfreund
Auch das ist sehr scharmant
Der Hausknecht macht sich heimlich
Ans Zimmermädchen ran
So amüsiert sich jeder
So gut er eben kann.

Karl-Valentin-Portrait, Mitte de 30er Jahre

Annemarie Fischer, mit der Karl Valentin nach der Trennung von Liesl Karlstadt ab 1939 in der »Ritterspelunke« aufgetreten ist und mit der er ein intensives Liebesverhältnis hatte

Auszüge aus: Ganz neue, echt hagelbuachane und teils ungereimte Schnaderhüpfel

D' Hofa Leni is zum Beicht'n ganga.
»Na, Herr Pfarrer«, hat s' g'sagt, »dös is koa Verlanga,
ganz ohne Sinnlichkeit zu leben, dös is z'vui,
für was hätt' man denn 's G'fui.«

D Bauer hat an kloanen Seitensprung g'macht,
de Bäurin hat's erfahr'n und hat sich gedacht,
was du konnst, kon i a und hat sich g'rächt,
mit'n Bauern sein'm Knecht.

Auf'm Land, da gibt's vui saubere Madln,
großduttat und kugelrunde Wadin,
bis zu de Knia auffaschaug'n derfst jed'n schönen Kind,
aber weita auffi is a Sünd.

Bei da Nacht, wenn's finsta is,
ohne Licht siegt ma nit, dös is g'wiß,
im Finstern hat da Hans nur griffa bei der Lies,
weil's so finsta g'wes'n is.

Lerne leiden, ohne zu klagen,
dies Sprichwort hört ma d' Leut' öfter sagen,
dieses Sprichwort ist so wahr und bieder,
aba oiwei heirat'n d' Leut' wieder.

An Frau Hundeshagen

Karl *Valentin*   München, den 22. Juli 1937
Telefon 2 55 99   Mariannenpl. 4/II

Liebe Frau ehemalige Direktorin!

Ich und wir gratulieren Ihnen zu Ihrem 60sten Geburtstage und wünschen Ihnen alles Gute. Anbei senden wir Ihnen [zu Ihrem hochwohlgeborenen Geburtstage] einen Blumenstock, derselbe gehört zum ansehen und zum riechen.

[D]amit die Blumen nicht welk werden, [anbei] eine junge Giesskanne voll Wasser. [Auf der Gießkanne klebt ein kleines Etikett: Vorsicht! Münchner Wasser nur *äußerlich,* nur zum Blumengießen.] (Bitte das Wasser nicht verdünnen). Der Blumenstock soll alle Tage früh Morgens 6 Uhr und Abends um 7 Uhr gegossen werden. Wenn das Wasser verbraucht ist, senden Sie mir bitte die leere Kanne wieder zurück, welche wieder gratis mit [Brunnen]wasser nachgefüllt wird.

Einige Grüße
Ihr
Karl Valentin

N. B. Liesl Karlstadt kann leider nicht unterschreiben, weil sie leider keinen so langen Bleistift hat, der von Wegscheid b/Lenggries bis nach München reicht. Adresse: L. K. Wegscheid b/Lenggries Haus Ostler.

An die Zeichnerin Franziska Bilek

Karl Valentin   Planegg, den 31. Januar 1946
Komiker   Georgenstr. 2
Tel. 89 91 07

Mein liebes Fräulein *Bilek*.

Wieder ist ein neues Meisterstück von einer grossen Meisterin in mein »Bilek-Album« eingeklebt worden. – Aber mehr noch als dieses Bild freut mich die Tatsache, dass das Schicksal – sagen wir lieber der liebe Gott – Sie zu den Ueberlebenden eingeteilt hatte. Sie hatten aber nicht nur das Glück nicht von Bomben getroffen worden zu sein, Sie hatten noch mehr Glück damit, dass Sie im dritten Reich nicht erwischt worden sind. – Nehmen Sie bitte die kleine Erinnerung entgegen:

Als wir auf dem Heimweg von einer Kunstaustellung in der Briennerstr. gingen sprach ich zu Ihnen: »Was haben wir eigentlich verbrochen, dass wir nun einen zweiten Krieg auch noch mitmachen müssen. Ist das noch ein Leben? Heuchlerisch muss man sich überall mit Heil Hitler bekennen – nichts als Verbote – keine Rechte mehr – ich habe das Leben so satt; am liebsten würde ich Schluss machen«. Das war im Jahre 1942. Mit vollem Brustton auf offener Strasse fielen Sie mir ins Wort: »Nein Herr Valentin, da denke ich ganz anders. Nein, – leben will ich noch, und zwar so lange noch, bis ich diese Hitler-Bonzen alle an den Bäumen hängen sehe, – so lange will ich noch leben.« Und solche Aeusserungen fürchte ich haben Sie in Weser grauen Zeit wahrscheinlich nicht blos mir gegenüber gemacht – und deshalb hatte ich Angst um Sie – Zwar hängen diese Burschen noch nicht (zur Zeit sitzen Sie noch) aber wenn sie hängen so haben *Sie* es noch erlebt; Die Hängenden haben es nicht mehr erlebt, weil dieselben dann ausgelebt haben. Die haben aber ein schönes Leben *hinter* sich – und wir – wir hatten zwölf Jahre *kein* schönes Leben und ob wir noch ein schönes Leben bekommen, das wissen die Götter und wenn die auch nicht wissen, dann weiss ich nicht, wer das eigentlich woass –.

Aber eines weiss ich sicher, und zwar dies, dass Sie mich in aller nächster Zeit in meinem Landhäuschen in Planegg besuchen werden.

Ihr

Karl Valentin

Im Radio München hören Sie mich nun 2 x die Woche – Abends 9_9^{05}

Meine Wohnung in München völlig ausgebrannt – Heimatlos *und* Zigarettenlos!

bitte wenden!

Was ist mit Gulbransen u Karl Arnold? Würde mich sehr interessieren

An eine Kabarettbesucherin

24.12.47

Mein liebes Frl. St.!

Ich wünsche mir, Ihnen, uns, und allen Menschen auf der Welt mit Ausnahme von dem überspannten Heinz Rühmann, alles gute schöne und praktische was zum Leben gehört, mir Essen und trinken, Krieg und Frieden – Sommer und Winter Sonnenschein und Regen und hauptsächlich Zigaretten nur keine starken. Die leichtesten sind immer noch die deutschen Sondermischung von Haus Neuerburg. Sonst weiß ich nichts Neues. Ihren Herzenswunsch, Ihnen ein Dutzend »Camelia« zu schenken, kann ich leider nicht erfüllen. Es gibt zwar einen Ersatz dafür aus Holzwolle, die aber bei den Damen ein sehr starkes Kitzeln erzeugen – Vom 11. bis 15. Dez. habe ich ein Gastspiel gegeben im »bunten Würfel« waren Sie dort? Ab 20 Januar bis 1 Februar bin ich wieder dort – rufen Sie mich bitte vorher an (89 91 07) damit ich für Sie 2 Karten reserviere –

Alles gute für das neue Jahr
wünscht von Herzen
Ihr
Karl Valentin

Verzeihung schlechte Schrift – Brief im Bett geschrieben, bin seit 8 Tagen krank, habe aber nur eine leichte Eierstockverrenkung.

V. Gedichte und Briefe an Liesl Karlstadt

München den 31. Dez. 1912.
Möge es uns vergönnt sein, das neue Jahr und noch viele
andere Jahre mitzumachen in der wahren Liebe zueinan-
der wie bisher. Gesundheit und unser köstlicher Humor
soll uns nie verlassen, und bleibe fernerhin mein gutes bra-
ves Lieserl

    Prosit Neujahr!!

    D. V.

Meiner heißgeliebten kleinen Lisi!

Die Dämmerung sinkt hernieder
Vom hohen Himmelsraum
und hüllt die Erde wieder
in einen süßen Traum
Leis flüstert in ihr Schweigen
Ein Lied vom Himmelszelt
Du bist mein Glück, mein Eigen
Mein Himmel, meine Welt

Es glüh'n die gold'nen Sterne
In wunderbarer Kraft
Und schauen aus der Ferne
Gar innig durch die Nacht
Und ihre Köpfchen neigen
die Blumen auf dem Feld
Du bist mein Glück mein Eigen
Mein Himmel meine Welt.

Mir ist, als ob mich grüßte
Aus sternenklaren Höh'n
Und wundersam mich küßte

Dein Bildniß zauberschön
Im Traum seh' ich Dich neigen
Die Augen glanzerhellt
Du bist mein Glück, mein Eigen
Mein Himmel, meine Welt

Weinachten 1919 […]

Haisa heut ist Weihnachtsfest
Was sich ja behaupten lässt
Wenn man hier die Gaben sieht
Wie das Christkind sich bemüht.
Den das Christkind hat der Lise
Ja vor allen Dingen, diese
Messing trommel hier gebracht
Ei! wie Lieschen's Herz'chen lacht
Vor der Trommel das ist schlimmer
Liegen acht so runde Dinger
Die enthalten Gummipill'n
Die des Halses Schmerzen still'n
Dann zum Elek – ter – ri – sieren
um die Nerven zu kurieren
fängt damit ganz schwach man an
man den Strom, vertragen kann
Nun als 5. siehst Du hier
ein bekanntes Blechgeschirr
Zamgeflickt mit Zinn u Blei
Alte Sachen werden neu
Hier steht gotisch u. fast stolz
Die Schatull' aus Eichenholz
Außer Puder u Vaslin
Ist noch vieles Andre drin

Dahier da liegt ein Couvert
Doch der Inhalt ist nichts wert
Schau den Inhalt drum nicht an
Du hast keine Freude dran
Dies hier eine Flasche Seckt
Die Dir hoffentlich auch schmeckt
Und an einem Tag zu »Zweit«
leern wir Sie voll Geiligkeit
Mit dem Vortrag Liselein
Wirst Du nicht zufrieden sein
Den beim Dichten das ist schlimm
Gibt es keinen Zeittermin
Und der kleine Pikkolo
Ist jetzt wieder herzlich froh
daß zum neuen Jahr »Er« glatt
seine alten Haare hat
Und wer meinst daß heut zum Feste
Dir noch wünscht das Allerbeste
der sein Bild verehrt Dir hat
Siehe: Nachtkastl – Schublad'

26.4.1932

Karl Valentin
München Kanalstr. 8/II G. H.
Frl.   München den 24. Dezember 1832
Lisl Karlstadt
Städt. Urlauberin
Torbole (am GardaSee[)]
Pension Ischia

Liebe auswanderin! Ich bin seit deiner Abwesenheit täglich in Planegg mit Frau Eva –. Greiner Rankl u. Bobsi wir
arbeiten emsig, wir tuen, täglich sähen und ernten, der
Frühling ist manchmal stundenweise bei uns. Hundeshagen macht mir die Hölle heiß, *alle* Abend um 9 Uhr sagt
er mir wie viel Besucher er hat Gestern Montag waren
20 Personen im Ko. Er macht mich verantwortlich nicht
Dich. Neumeier der hat ja nix; Morgen schreibe ich dir
wieder Gute Nacht, es ist jetzt 9 Uhr vormittag und bin
geistig sehr gut beinander.
    [...]

Liesl Karlstadt in einer Solo-Szene nach Texten von Karl Valentin,
1919

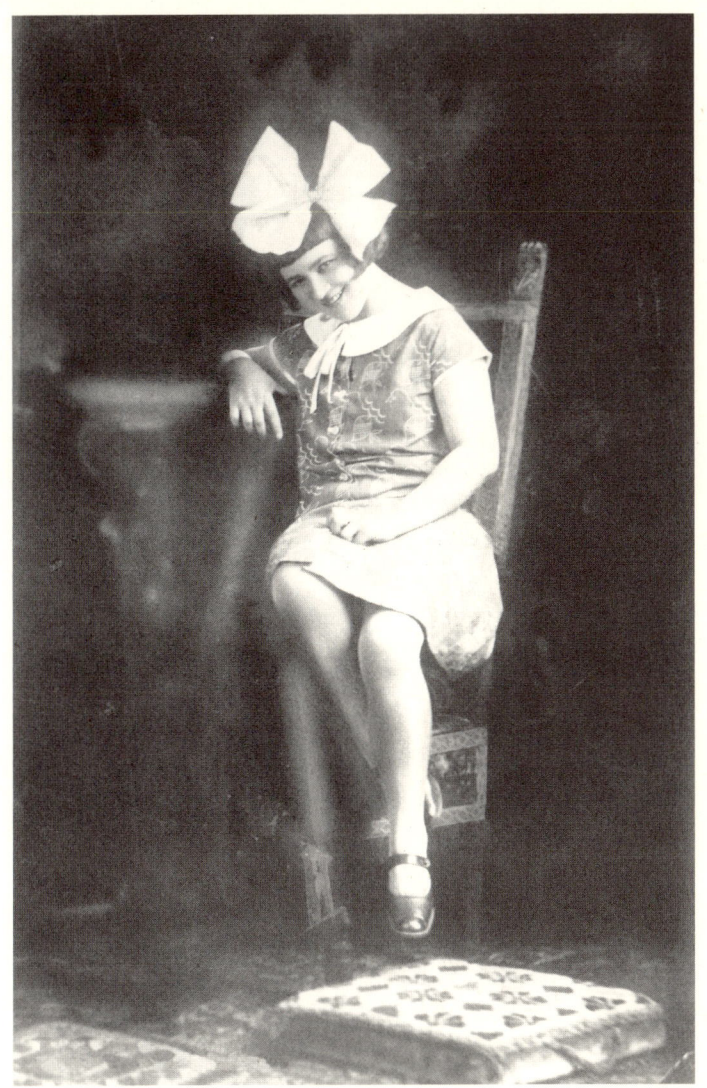

Liesl Karlstadt in dem Theaterstück »Der Bittsteller«, 1925

27.4.1932

Fräulein Lisl Karlstadt Urlauberin Torbole am Garda See
Pension=Ischia Italien
Im Garten geschrieben   Planegg bei München
                                  Mittwoch den 27 April
                                  1/2 Uhr 1892 nachmittag

P.P. Habe Ihre 2 Karten mit besten Dank erhalten und
ersehe hieraus daß es Ihnen sehr geehrtes Fräulein und
Ihrem werthen Fräulein Schwester gut geht was ich auch
von meiner Wenigkeit sagen kann, nur mit den verflixten
Nerven happert es noch ein wenig, und ich denke, daß
wenn ich nun einige Zeit meinem Berufe fernbleibe, alles
wieder gut wird. Hoffentlich haben Sie meine 2 Karten
die ich Ihnen schickte bekommen. In der Erwartung von
ihnen bald wieder eine Nachricht zu bekommen, grüßte
ich Sie auf das herzlichste und verbleibe mit den besten
Grüssen Ihr ergebener K. Valentin
    In München war gestern Abend in Obergiesing schon
wieder ein Großfeuer – aber »Für uns leucht kein Großfeuer am Himmel«.

28. 4. 1932

V. Fey München
Planegg
Georgenstr. 2/5
Fräulein   München Donnerstag Nachmittag 4 Uhr
Liesl Karlstadt
Comikerin aD.
Torbole am GardeSee
Pension Ischia (Italien)

L L u. A. Ich sitze so fröhlig beisammen und arbeite in meinem Garten. Unter Tags geht es so weit ganz gut aber Abends und Morgens stimmts nicht genau, ich freue mich, wenn du wieder da bist, wenn wir mit dem Opel-wagi auf die Pirsch fahren – Huber Oskar ist glaube ich [geschappt] macht gar nix. Habe von dir erst eine Nach-richt – 2 Karten bekommen. Schreibe bitte *fleißiger*. [...] Gruß von Bopsi.

30. 4. 1932

Fräulein Lisl Karlstadt   Freitag Abend 7 München
Torbole am Garda See   April 1932
Pension Ischia Italien
Liebe Li[sl].

Bin alle Tage von Morgens 10 Uhr bis Abends 8 Uhr in
Planegg. Kolb holt uns alle Abend ab. Ich gebe ihm dafür
2 M und Dir bezahle ich dan das Benzin. Seit Du fort bist
haben wir herrliches Wetter, ein Tag schöner als der andere. *Schlüsselblume nur einmal* gepflückt. – Alle Abend
bin ich um 10 Uhr im Bett – Ich war seit den K. Schluß
noch nicht *einmal* fort. Unter Tags fühl ich mich ziemlich
wohl. Abends und Morgens immer Depp resionen. Deine
Karte von heute mit Klimaempfehlungen für Asthma
bekommen Freut mich daß Du vom Magenweh nichts
mehr spürst
    Viele viele Grüße auch an Alli Valentin
    Ich habe wieder ein *glatte* Gesichtsfläche.
    Rankl arbeitet mit mir alle Tage Gartenarbeit.
    Es ist herrlicher als am Gaudisee.

2. 5. 1932

Fräul.
Lisl Karlstadt
Sauspielerin
Monaco Bavira
Maximilianstr. 29/III
(Italien)
Liebe billige Wellanolieselkarlstadtly!

Es freut mich zwergisch daß Du am Donnerstag den
5. Mai wieder da bist. Karlsthor – Isarthor – Sendlinger-
thor. Siegesthor, Salvator alles ist schon dekoriert. Müsste
es noch nicht dekoriert sein, daß weiß ich nicht. Sämtlichen Leberkäs und Weißwürste habe ich schon vernich-
ten lassen. In Deiner Wohnung befinden sich bereits 3000
Zentner Spagetti und Polenta * Denk Dir nur K. Peukert
und Dr. Kassimir haben ohne mein [Missen im Rundfunk
bei einem komischen Abend, gesagt Ins Kolosseum gehn
wir nicht, den der V. ist nicht drin – Hundeshagen hat
Rankl tätlich angegriffen es war entsetzlicher Wirbel. Alles
weitere mündlich. Von * hier aus kein Witz.
    viele viele Grüsse   K. Valentin

Karl Valentin und Liesl Karlstadt 1928 im Fotoatelier
Fritz Witzig

München 2. Okt. 1935

Meine liebe liebe Li!

Mein Brieflein beginne ich mit dem Marschlied:

Halte aus! Halte aus! Halte aus im Sturmgebraus! und wenn Du das tust, wird alles wieder gut. Wie sehr Du mir nicht ans, sondern ins Herz gewachsen bist, wirst Du wohl *nie* erfassen

Ohne Dir ist die Welt für mich völlig inhaltslos Du hast für mich schon so viel Geduld aufgebracht warum sollst Du es nicht für Dich selbst können. Alle die Dich lieben und hoch schätzen, sind auf Deiner Seite, und deshalb brauchst Du den Mut für das fernere Leben bestimmt nicht verlieren eine Firma wie Valentin – Karlstadt muß noch lange lange für München erhalten bleiben so Gott will, und »Er« will, das hat er gezeigt. Warum sollst Du nicht wollen???

Und wiederum

Halte aus! Halte aus! Halte aus im Sturmgebraus.

Dein

treuster Kamerad

auf der Welt

Valentin

(Seit 3 Tagen ist das Wetter die alleinige Ursache, daß wir alle so verheerend beisammen sind.

Anfang 1936

Liebe Liesi!

Schreibe mir doch wie die Reise war und wie Du angekommen bist – Leider kann ich Dir nicht telefonieren,
daß ist mir furchtbar. – Es ist grausam auf der Welt

Alles Gute Dein

Partner K. V.

viele Grüsse Herrn Badenhausen

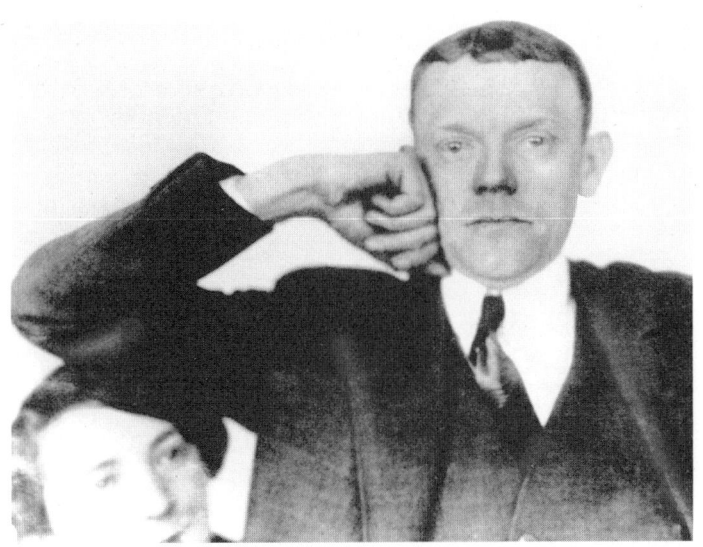

Karl Valentin und Liesl Karlstadt um 1930
© Münchner Stadtmuseum

Karl Valentin mit Ehefrau Gisela, vermutlich 1929

Anfang 1936

Liebe gute einzige Lisi!

Deinen Brief erhalten. Verlange von mir nicht ein langes Schreiben und eine Rechtfertigung – Ich bitte Dich mit aufgehobenen Händen verzeihe mir Alles, was ich getan habe, ich will so werden wie Du es willst, ich wußte ja nicht das ich so bin, ich bleibe in Zukunft die eine *treue* Seele ich verlange mir so lange Du lebst nichts anders mehr als Dich, und ich werde für Dich sorgen wie eine Mutter für ihr Kind Du hast zu mir so oft gesagt, ich bin ein guter Mensch, nur in Deiner Krankheit hast Du das alles anders empfunden.

Schreibe mir *sofort* daß Du mir wieder so gut bist, wie Du es immer warst. Liebe gute Lisi schreibe mir *sofort,* daß wir wieder zusam[men] gehören *krank* oder *gesund,* ich verlasse Dich niemals, und arbeite nur *mit Dir allein oder gar nicht.* – Daß ich nicht mit Dir nach München gefahren bin ist *nicht meine Schuld,* sondern Herr D. v. Trenk hat es *absolut* haben wollen daß ich *weiter* arbeite, *Du* willst es haben sagte er mir. Wenn Herr Dr v. [der] Trenck, dem Herrn Schindler schreibt ich muß sofort zu Dir kommen, komme ich *sofort.* Liebe Liebe Lisi – Schreibe mir sofort ich tue Alles für Dich, Du mußt wieder gesund werden es geht nicht anders. Ich habe auch ohne Wissen v. H. Dr. v. [der] Trenck Herrn Geheimrat geschrieben vor ungefähr 3 Tagen und habe in innigst gebeten er möchte alles aufwenden Dich wieder gesund zu machen, ich erwarte den Brief heute. Herr Dr. Seif habe ich auch vor 5 Tagen geschrieben, auch von diesem erwarte ich Antwort.

Nun liebe liebe gute Lisi, schreibe mir sofort daß wir wieder zusammengehören wie ehedem …

Dein Valentin

Bitte mit Flugpost.

Liebe liebe Lisi! *Lebe für mich,* ich bitte Dich von ganzem Herzen Gott sei mein Zeuge!

Halt aus! Halt aus!

Berlin 36

Liebe liebe Li Li Li!

Du hast gestern Abend gesagt, ich habe ja gar niemand mehr auf der Welt der mich mag, ich bin ja ganz verlassen. ja das konntest Du ja aber nur in Deinem jetzigen Zustand sagen, den Dich hat ja wirklich alles lieb jeder fremde Mensch sogar und wenn er Dich nur i Stunde kennt, ist schon ganz verliebt in Dich, ob Mann oder Frau, also gerade bei Dir stimmt das Lied überhaupt nicht in welchem es heißt »Verlassen bin i.«

und erst ich! meinst Du daß ich von Deiner Seite gehe auch wenn Du jetzt in die Pension ziehst? Ich setze mich neben Dich so *wie Du es haben willst,* ich lese oder schreibe, aber ich bin bei Dir. *Du bist nicht verlassen, ich verlasse Dich nie!*

so lange ich lebe.

und diese Worte werden Dir neue Kraft neuen Mut und Gesundheit geben.

Dein
Valentin

Karl Valentin und Liesl Karlstadt im Film »Die Erbschaft«, 1936

»Stephanie«   Berlin W 15, den 13. 9. 1936
Haus ersten Ranges   Kurfürstendamm 45
                       (Ecke Bleibtreustraße)
                       Tel. J 1 Bismarck 69 55 – 69 58

Ich hatte einen Kameraden,
1911 – 1935

K. Valentin

4.2.1941

Fey
München
Mariannenplatz 4/11
Frl. Liesl Karlstadt
Ehrwald 63
Tirol

Liebe Liesi!
Vom Ketterl Montag Abend die besten Grüße – werde gesund gesund, gesund, – fade u leer ist Alles – schreibe mir *sofort* wie Du angekommen bist
Viele herzliche Grüße v. K. V.
Grüße an Hn. B.

5. 2. 1941

V. Fey
München
Mariannenplatz 4
Frl. Liesl Karlstadt
Woester
Ehrwald 63 Tirol

Liebe Liesi!
Deine *Karte* soeben erhalten,
bitte schicke mir *wieder* so eine aber bezeichne das Haus
wo Du wohnst, den da kann ich dich nicht besuchen, die
Berge – der viele Schnee diese Einsamkeit, dann *lieber* in
Neujork Frau Fink hat mich angerufen, ihr Sohn ist gefallen in Frankreich, sie hat gelesen im Volkstheaterprogramm
daß Du im Sommer im Volkstheater 3 Gspussi spielst
Viele Grüße d. P. K. V.

9.2.1941

Frl.
Karlstadt
Wöester
Erwald 63
bei (Garmisch) Tirol

Liebe Lisi!
    Wieder ein langweiliger Sonntag es ist zum Verzweifeln.
Mich freut gar nichts mehr
    Dein P. Valentin

14. 2. 1941

Fey
Mariannenplatz 4/II
Liesl Karlstadt
Wöester
Ehrwald 63
bei Garmisch (Tirol)

Liebe Liesi – Besten Gruß aus meinem Zerstreuungslokal
»Ketterl«. Immer das Gleiche. Mit dem sehnlichsten
Wunsche daß Du bald wieder gesund bist grüßt Dich
Dein Partner K. Valentin
    Warum schreibst Du so selten?

Karl Valentin
Planegg Georgenstr. 2
Frl.
Liesl Karlstadt (Wellano)
München 22
Maximilianstrasse 24/4   12. 1. 47

Liebe Lisi – warum telefonierst Du mich nicht an – ?
Gehe zu Herrn Ritter Manhardtstr. 5/? Stock? Der läßt
Dich gerne telefonieren. Auf der Post ist es zu umständ-
lich – wenn es diese Woche nicht kälter wird besuche ich
Dich
    viele Grüße auch an Amalie
    K. Valentin

Dienstag 22. 12. 47

Liebe Liesi

– Leider bin ich *wieder* krank und konnte mich nicht den Weihnachts-Vorbereitungen widmen – Gebe Du meiner Tochter oder meinem Schwiegersohn *alle* Dosen mit, ich werde dieselben fachgemäß (mit passendem Werkzeug) in drei Teile teilen. Für die Weihnachtsfeiertage lade ich Euch beide ein nach Planegg. Sage gleich meiner Tochter, ob Du am 1. oder 2ten Feiertage Nachmittags 2 Uhr kommst. Wenn Du die ? Flaschen bekommst, die Dir Herr John schickt, so bitte gebe eine davon an Frl. Karl ab, und sage ihr sie soll dieselbe am Weihnachts Abend trinken – außer einigen Dosen Malz habe ich heuer gar nichts für Dich – aber das schönste Geschenk ist doch, daß mir die letzte Zeit wieder so schön zusammen gespielt haben, und wenn Gott es will wieder *weiter* spielen werden, *verlernt,* haben mir *nichts* daß hat sich gezeigt

Alles gute wünscht Dir und Amalie

Dein Partner

Karl Valentin

Hast Du die 300.– M von Arnold schon bekommen?

Vor 1948

Liebe Liesi –

ich habe *noch* eine Schachtel Leopillen – die schicke ich dir vorsichtshalber in einigen Tagen nach im Falle dieses Päckchen verloren geht Du siehst daß ich dir Alles besorge was *Du* nicht mehr bekommst – meine jetzige Lage ist für mich trostlos – ich kann mir nicht denken, daß ich diese ständige Angst noch länger *aushalten* kann. Gedenkst Du noch der schönen Maientage?

O wie glücklich waren wir 1911

D. P. K. V

Es war einmal!

Vor 1948

Nächstes Jahr im Frühling sitzen Lisi und ich im Caffee Botanischen Garten. Das wäre mein einziger Wunsch auf Erden.

[...]

Vor 1948

Wer da je geliebt hat, wie ich dich
der trägt solche Liebe, innerlich
Als Geheimniß seiner tiefste Seele
daß Sie ihm an keinem Orte fehle
Daß Sie ihm an keinem Orte fehle
trägt er Sie in seiner tiefen Seele
Ewig wird Sie ihm Gefährtin sein
Und so ist er nirgends ganz allein.
—.—
Karl Valentin

Liesl Karlstadt vor einem Portrait von Karl Valentin, um 1955

Lebensstationen von Karl Valentin und Liesl Karlstadt

von Gunter Fette

1882

am 4. Juni wird der spätere Karl Valentin in der Münchner Vorstadt Au als Sohn eines Vaters aus dem hessischen Darmstadt und einer Mutter aus dem sächsischen Zittau geboren, also in einem höchst unbayerischen Elternhaus mit dem Familiennamen Fey. Der Vater betreibt ein kleines Speditionsunternehmen. Die Eltern geben ihrem vierten Kind, das als Einziges die damals unter Kindern grassierenden Diphtherieerkrankungen überleben sollte, den Namen Valentin Ludwig. Als er im Alter von zehn Jahren mit seinem Spielkameraden auf der zugefrorenen Isar einbricht, entgeht er knapp dem Tod, während der andere Junge sein Leben verliert. Als lebenslängliche Erinnerung daran bleibt Valentin Ludwig ein Asthmaleiden, das auch auf sein Wesen und seine psychische Grundeinstellung einen maßgeblichen Einfluss haben wird.

1888–1896

geht Valentin Ludwig zur Schule, was er später in seinen Erinnerungen als siebenjährige Zuchthausstrafe beschreibt. Die Lehrer dürften es andererseits aber auch nicht leicht mit ihm gehabt haben, denn nach den von Karl Valentin später selbst erzählten »Jugendstreichen des Knaben Karl« war er als Kind und Jugendlicher »der Schrecken von der Au«, dem Stadtviertel seines Eltern-

Karl Valentin als Clown im Fasching mit neun Jahren (1891)

hauses. »Der Fey-Bua kommt«, schrien die Kinder oft und flüchteten panikartig in die Häuser oder in sonstige Schlupfwinkel, um sich vor den manchmal geradezu sadistischen Misshandlungen und Attacken des jungen Valentin Ludwig Fey in Sicherheit zu bringen – so die eigene schuldbewusste Erzählung des erwachsenen Karl Valentin. Die leidgeprüften Eltern wollten ihrem einzigen überlebenden Kind, das sie wie ihren Augapfel behüteten und umsorgten, nicht die gebotene strenge Erziehung angedeihen lassen.

1897 – 1899

erlernt er das Schreinerhandwerk und zeigt dabei erhebliche Fähigkeiten und großes Geschick. Er schließt seine Lehre mit dem Gesellenbrief ab.

1899

kommt das hübsche 18-jährige Dienstmädchen Gisela Royes aus der Oberpfalz in sein Elternhaus, in die sich der ein Jahr jüngere Valentin Ludwig sogleich verguckt, was später Folgen haben wird.

Beruflich möchte er Volkssänger werden – eine damals in München sehr verbreitete künstlerische Betätigung, die auf unzähligen Bühnen in Wirtshäusern und in Singspielhallen zur Unterhaltung der kleinen Leute beiträgt. Bereits ab 1897, also mit 15 Jahren, tritt er vereinzelt in Münchner Gastwirtschaften als »Vereinshumorist« auf. Sein Vater unterstützt diese Ambitionen seines einzigen Sohnes und lässt ihn 1902 für gutes Geld vier Monate lang eine renommierte Münchner Varietéschule besuchen.

Karl Valentin mit seiner Mutter (um 1900)

Karl Valentin als genialer Künstler (1906)

1901

benutzt er erstmals den Namen Karl Valentin als Künstlernamen, wobei er den Bestandteil »Karl« wohl in Erinnerung an seinen gleichnamigen Bruder ausgewählt hat, der
mit acht Jahren verstorben ist.

1902

hat er seine ersten professionellen Auftritte auf der bekannten Münchner Kleinkunstbühne von »Papa Benz« und im
Nürnberger Varieté »Zeughaus«.

Der plötzliche Tod des Vaters am Ende des gleichen
Jahres bereitet seiner angestrebten künstlerischen Lauf-
bahn jedoch ein jähes Ende, da er nun mit seiner Mutter
das väterliche Speditionsgeschäft weiterführen muss. Das
schöne Dienstmädchen Gisela bleibt weiter im elterlichen
Haushalt – und der Sohn des Hauses ihr weiterhin ver-
bunden.

1905

bringt Gisela eine Tochter zur Welt, deren Vater Karl
Valentin ist. Das Kind bekommt den Vornamen der Mutter und wächst bei deren Eltern in der Oberpfalz auf.

1906

ist die väterliche Speditionsfirma von Karl Valentin und
seiner verwitweten Mutter nicht länger zu halten und
muss mit Grundstück und Elternhaus verkauft werden.
Nach Ausgleich der Hypothekenbelastungen bleiben der
Witwe noch ganze 6000 Mark. Der Münchner Wohnsitz
wird aufgelöst, und die Witwe geht mit ihrem Sohn in
ihre Heimatstadt Zittau in Sachsen zurück. Er wird nun
wieder als Humorist aktiv und baut sich einen mechani-

Gisela Royes, die Braut und spätere Ehefrau Karl Valentins
(um 1905)

schen Musikapparat, auf dem er 20 Instrumente nahezu gleichzeitig spielen kann – ein sechs Zentner schweres Monstrum, mit dem er ein vielfältiges, teilweise aber wohl auch schauerliches Musikprogramm darbietet, von idyllischen Weisen über Militärmärsche bis hin zu »Schlachten-Potpourris«, wie berichtet wird.

1907

endet seine erste Deutschlandtournee (unter anderem Leipzig, Halle, Berlin) mit diesem »Orchestrion« unter dem neuen Künstlernamen Charles Fey als wirtschaftliches Desaster. Manchmal wird er schon nach seinem ersten Auftrittsabend wieder hinausgeworfen. Nachdem auch sein zweiter Versuch erfolglos bleibt, kehrt er völlig mittellos nach München zurück, wo er im Gasthof »Stubenvoll« unterkommt und ein letztes Mal mit seinem musikalischen Monsterapparat für 50 Pfennig am Abend auftritt. Schließlich zertrümmert er in einem »Löwenbräubierriesenrausch« sein »Orchestrion« mit einer Axt, womit das Künstlerdasein von Charles Fey als »Musikal-Fantast« beziehungsweise »Musikal-Clown« endet. Der Münchner Gastwirt Ludwig Greiner bietet ihm in dieser Notsituation eine Unterkunft an.

1908

hat er erste Auftritte als »Skelettgiggerl« – eine Figur, die er aus seiner extremen Magerkeit entwickelt hat –, und es beginnen seine Engagements beim »Frankfurter Hof« in München mit ersten Erfolgen – nun endgültig unter dem Künstlernamen Karl Valentin. Sein Vortrag vom »Aquarium« bringt für ihn den Durchbruch, und seine wirtschaftliche Not hat ein Ende. Er bekommt nun eine Gage von vier Mark pro Auftritt. Daraufhin holt er seine Mutter zurück nach München und nimmt mit ihr eine Wohnung.

1909

wird Karl Valentin von der Münchner Bühne »Wien-München« im Hotel Wagner bereits als »Münchens populärster Humorist« angekündigt. Er ist an mehreren Münchner Bühnen fast durchgehend engagiert und gilt als »Blödsinnskönig«, wie er sich manchmal auch selbst nennt.

1910

tritt er im Hotel Wagner schließlich schon als »Humorist mit eigenem Repertoire« auf.

Im gleichen Jahr wird Karl Valentin zum zweiten Mal Vater. Die Mutter seiner zweiten Tochter Bertl ist wieder Gisela Royes, das ehemalige Dienstmädchen aus seinem Elternhaus.

1911

lernt Karl Valentin während seines Engagements als »Schwerer Reiter« im »Frankfurter Hof« die dort als Soubrette auftretende 19-jährige Elisabeth Wellano kennen. 1892 in München als fünftes Kind eines Bäckers in ärmlichen Verhältnissen geboren und aufgewachsen, hat sie eine Lehre als Textilverkäuferin absolviert und ist inzwischen im Kaufhaus Tietz angestellt. Sie möchte jedoch auf die Bühne und hat ein Engagement innerhalb einer Münchner Volkssängertruppe im »Frankfurter Hof« erreicht, worauf sie sehr stolz ist. Karl Valentin sagt ihr jedoch, dass sie dafür kein Talent habe, aber sehr komisch

Karl Valentin (um 1908/1910)

Liesl Karlstadt (ca. 1912)

sei. Er schlägt ihr eine Zusammenarbeit vor und schreibt ihr ein Lied, das sie nur widerwillig für einen Auftritt annimmt, damit aber auf Anhieb wirklich großen Erfolg hat, nicht zuletzt wohl auch wegen der komischen Art ihrer Darbietung. Karl Valentin und Elisabeth Wellano verlieben sich auch ineinander, aber am 31.7.1911 heiratet er die Mutter seiner beiden Töchter. Die private und künstlerische Beziehung wird von Karl Valentin und Elisabeth Wellano gleichwohl fortgesetzt, wofür Karl Valentin seiner neuen Partnerin, in Erinnerung an den von ihm verehrten und in ganz Deutschland bekannten Humoristen Karl Maxstadt, den Künstlernamen Liesl Karlstadt gibt.

Karl Valentin als stolzer Vater (1910), (»Karl Valentin, Vater von seinem eigenen Kinde«)

1912

richtet Karl Valentin in München das erste Filmstudio ein und beginnt mit Filmaufnahmen, wobei er aber von technischen – manchmal ungewollt bühnenreifen – Pannen verfolgt wird. Es entstehen nur einige kurze Stummfilme.

1913

beginnt mit einem ersten gemeinsamen Bühnenauftritt (»Alpensänger-Terzett«) eine jahrzehntelange erfolgreiche Zusammenarbeit von Karl Valentin und Liesl Karlstadt, bei der sich beide Partner kongenial ergänzen. Dazu gehört allerdings auch die immerwährende äußerst schwierige Balance zwischen den beiden Frauen Karl Valentins, von denen jede für ihn lebensnotwendig ist und die sich deshalb – nach seinen Vorstellungen – gegenseitig tolerieren müssen, was nicht immer gelingt.

1914–1918

bleibt München von den Kriegsereignissen weitgehend unberührt, und die Auftritte des Komikerduos Karl Valentin und Liesl Karlstadt setzen sich auf verschiedenen Münchner Bühnen fort. Sie haben allerdings auch zahllose wohltätige (kostenlose) Auftritte in Münchner Lazaretten, sehr zur Freude der verwundeten Soldaten, denen diese humoristischen Darbietungen verständlicherweise viel besser gefallen als das zum Heldentum animierende offizielle Unterhaltungsprogramm. Aus der intensiven Zusammenarbeit des Künstlerpaares entsteht eine Vielzahl von Bühnenstücken, Dialogen, Monologen und Couplets. Karl Valentin und Liesl Karlstadt sind zusammen nahezu ununterbrochen engagiert.

1915

wird Karl Valentin die Direktion der Bühne »Wien-München« im Hotel Wagner in München übertragen.

1919

beginnt das Künstlerduo mit Schallplattenaufnahmen, die dann ab 1928 intensiviert fortgesetzt werden. Bis 1947 entstehen für Schallplatten- und Rundfunkveröffentlichungen rund 170 Tonaufnahmen mit Originaltexten von und mit Karl Valentin und Liesl Karlstadt.

1922

kommt es im August, nach langer Überredungskunst von Liesl Karlstadt, zum ersten Auslandsgastspiel in der Züricher »Bonbonniere«. Bei der stürmischen Fahrt über den Bodensee sieht sich Karl Valentin, entsprechend seiner

Karl Valentin mit Ehefrau Gisela (um 1920)

Voraussage, dem Tod durch Ertrinken nahe (»... *jetzt ersaufen wir alle«)* und schwört, niemals wieder an Bord eines Schiffes zu gehen.

1923 – 1930

geben Karl Valentin und Liesl Karlstadt neben den ständigen Auftritten auf verschiedenen Münchner Bühnen diverse, zum Teil längerfristige Gastspiele in Wien, Zürich und vor allem in Berlin (im Operettenhaus am Schiffbauerdamm und dann immer wieder im »Kabarett der Komiker« des legendären Kurt Robitschek). Mit großen Erfolgen und höchstem Kritikerlob treten sie vor meistens ausverkauftem Haus auf. Berühmte Theaterdirektoren jener Zeit, wie zum Beispiel Max Reinhardt vom Deutschen Theater in Berlin, verehren und umwerben (erfolglos) das Künstlerpaar. Zu den Bewunderern gehört auch der junge Bert Brecht, der sich ihnen in München anschließt, um von Karl Valentin viel über das Theatermachen zu lernen, wie er später wiederholt schriftlich festhält. Dadurch verhilft Karl Valentin ihm zu seinen ersten Bühnenerfolgen an den Münchner Kammerspielen.

In dieser Zeit erhalten Karl Valentin und Liesl Karlstadt auch mehrfach Einladungen in die USA. Aufgrund seiner panischen Reiseangst ist es für Karl Valentin natürlich eine völlig undenkbare Vorstellung, mit dem Schiff mehrere Tage über den Atlantik und in ein fremdes Land zu fahren. Liesl Karlstadt würde die lange Reise schon auf sich nehmen, und Karl Valentins Ehefrau wäre sogar bereit, dafür das Haus in Planegg zu verkaufen und Deutschland zu verlassen, wie die Enkeltochter Anneliese Kühn zu berichten weiß. Nur Karl Valentin verweigert sich hartnäckig. Und so enden die Berichte über ihn in großen amerikanischen Tageszeitungen mit der abschließenden Feststellung und der Empfehlung an die Leser, dass sie nach München reisen müssen, um diesen deutschen Charlie Chaplin zu erleben.

1929

nimmt Karl Valentin mit seiner Partnerin Liesl Karlstadt seine Filmtätigkeit wieder auf und gründet in München die »Karl Valentin Filmproduktion«. Es entstehen bis 1937 sowohl seine bekannten (über 26) Kurzfilme nach eigenen Vorlagen (Bühnenszenen) als auch mehrere Langfilme nach fremden Drehbüchern und unter anderen Regisseuren wie Max Ophüls, Erich Engels und Hans

Liesl Karlstadt (Anfang der 20er-Jahre)

Karl Valentin mit Tochter Bertl (um 1928)

Deppe (denen Karl Valentin aber nur sehr widerwillig
oder gar nicht folgte, wie verschiedentlich überliefert ist).

1930

nimmt Liesl Karlstadt Schauspielunterricht und geht ein
Einzelengagement an den Münchner Kammerspielen unter Otto Falckenberg ein. Dort spielt sie in »Sturm im
Wasserglas« mit und ist anschließend auch noch auf anderen Münchner Bühnen zu sehen. Sie hat als Schauspielerin
großen Erfolg, was von Karl Valentin allerdings gar nicht
geschätzt wird. Und so besteht er darauf, dass sie nach
ihrer Vorstellung in den Kammerspielen jeden Abend
sofort zu ihm kommt, um weiterhin mit ihm in der Nacht-
vorstellung des »Kolosseums« aufzutreten.

1931

droht Karl Valentin – »Deutschlands größter tragischer
Komiker«, wie es in der Presse heißt – München für immer

zu verlassen. Wieder einmal fühlt sich Karl Valentin, wie schon so oft zuvor, von der Münchner Obrigkeit (der Feuerpolizei, der Polizeidirektion) in seiner künstlerischen Arbeit schikaniert. Diesmal war an einem öffentlich ausgestellten Szenenfoto einer Bühnenaufführung des »Firmling« Anstoß genommen worden, weil es angeblich das katholische Sittlichkeitsgefühl verletze, und es wurde ihm nahegelegt, das beanstandete Foto zu entfernen beziehungsweise durch ein unverfängliches, etwa ein Szenenfoto der »Raubritter vor München«, zu ersetzen. In einem der Münchner Presse hierzu gegebenen Interview verkündet Karl Valentin daraufhin wütend:

»Jetzt ham mer's satt: Im September gehn wir nach Berlin. Ja, München sieht uns nicht mehr!«

Geblieben ist er aber dann eben doch in München.

1934

eröffnet Karl Valentin im Münchner Hotel Wagner sein »Panoptikum« – ein Kuriositäten- und Gruselkabinett, in das er zum großen Teil sein eigenes und Liesl Karlstadts Vermögen investiert. Denn für die Einrichtung seines »Panoptikums« hat Karl Valentin sprichwörtlich »keine Mühen und Kosten gescheut«. Er verwendet dafür insbesondere zahlreiche Wachsplastiken des Münchner Universitätsplastikers Eduard Hammer, dessen Vater als der Erfinder der lebensgroßen Wachsfiguren gilt. Karl Valentin übernimmt 40 bis 50 Kisten aus dessen altem Lagerbestand und lässt damit neu und sehr wirklichkeitsnah das wächserne Inquisitionstribunal sowie »erschröckliche« Folterszenen entstehen. Daneben gibt es einen »lehrreichen« Teil mit Valentins Einfällen, zum Beispiel »der Apfel, in den Adam biß«, »der Stein, auf dem Mariechen

Karl Valentin mit Ehefrau Gisela und Tochter Bertl in Berlin (1924)

saß«, »die Hosenknöpfe von Goliath und David im Vergleich«. Dieser Teil des »Panoptikums« ist damit unverkennbar von Karl Valentin als Persiflage auf die in bürgerlichen Kreisen beliebten Nippessammlungen gedacht. In einem kleinen Kinozuschauerraum sitzen plastische Zuschauer lebensgroß und warten auf den Beginn des Films, der nie gezeigt wird. Diese Einrichtung entstammte wahrscheinlich Valentins Frust darüber, dass ihm keine Gelegenheit gegeben wurde, die Filme zu machen, die er immer machen wollte. Dem »Panoptikum« war ein Restaurant mit dem sinnigen Namen »Hölle« angeschlossen.

Selbst die Münchner Obrigkeit hat diesmal nichts an dieser neuen Einrichtung Valentins auszusetzen. In der Polizeiakte zur Überprüfung des »Panoptikums« heißt es, dass sich kein Anlass zu nennenswerten Beanstandungen ergeben habe. Es wurde lediglich die Entfernung eines Kreuzes vom Tisch des Femegerichts und die Verdeckung der Brust einer halb nackten Frauenfigur verlangt.

Trotz der Berühmtheit Karl Valentins bleibt diesmal das Publikum – und damit der Erfolg – aus. Im November 1935 erfolgt die endgültige Schließung mit einem totalen finanziellen Desaster, das heißt dem Verlust der gesamten finanziellen Investition von Karl Valentin und Liesl Karlstadt.

1935

gerät die Partnerschaft von Karl Valentin und Liesl Karlstadt, die sich in letzter Zeit sowohl im privaten als auch im künstlerischen Bereich immer schwieriger gestaltet, in eine schwere Krise, die bei Liesl Karlstadt schließlich im April einen Selbstmordversuch (Sprung in die Isar) auslöst. Liesl Karlstadt wird zwar gerettet, ist aber seelisch schwer angeschlagen und muss sich monatelang in der Münchner Nervenklinik an der Nussbaumstraße behandeln lassen. Karl Valentin ist durch den Selbstmordversuch seiner Partnerin und ihren nun auch ihm offenbar gewordenen psychischen Zustand sehr geschockt. Er schreibt ihr Briefe voller Selbstvorwürfe, Selbstmitleid und Versprechen für die Zukunft. So klagt er etwa:

»Es ist eine harte Zeit für mich ohne meiner kleinen Lisi, die mir in allen Dingen auf der Welt behilflich war. Meine einzige Zerstreuung ist nur die Arbeit …«,

und ein andermal:

»Ohne Dir ist die Welt für mich völlig inhaltlos. Du hast für mich schon so viel Geduld aufgebracht, warum sollst Du es nicht für Dich selbst können. Eine Firma wie Valentin-Karlstadt muss noch lange lange für München erhalten bleiben so Gott will und ›ER‹ will, das hat er gezeigt. Halte aus! Halte aus! Halte aus im Sturmgebraus, Dein treuester Kamerad auf der Welt Valentin.«

Und Anfang 1936 schreibt Karl Valentin an Liesl Karlstadt:

»… ich bitte Dich mit aufgehobenen Händen, verzeihe mir alles, was ich getan habe, ich will so werden, wie Du es willst, ich wusste ja nicht, dass ich so bin. Ich bleibe in Zukunft die eine treue Seele. Ich verlange mir so lange Du lebst nichts anders mehr als Dich, und ich werde für Dich sorgen, wie eine Mutter für ihr Kind. Du hast mir oft gesagt, ich bin ein guter Mensch, nur in deiner Krankheit hast Du das alles anders empfunden. Schreibe mir sofort, dass Du mir wieder so gut bist wie Du es immer warst. Liebe gute Lisi, schreibe mir sofort, dass wir wieder zusammen gehören, krank oder gesund, ich verlasse Dich niemals und arbeite nur mit Dir allein oder gar nicht. Liebe

liebe Lisi – schreibe mir sofort. Ich tue alles für Dich, Du mußt wieder gesund werden, es geht nicht anders. Nun liebe liebe gute Lisi, schreibe mir sofort, daß wir wieder zusammengehören wie ehedem ... Dein Valentin. Bitte mit Flugpost. Liebe liebe Lisi! Lebe für mich, ich bitte Dich von ganzem Herzen, Gott sei mein Zeuge!«

Tatsächlich geben Karl Valentin und Liesl Karlstadt im Dezember 1935 und Januar 1936 wieder zusammen ein längeres Gastspiel in Berlin im »Kabarett der Komiker«.

1936

entstehen zusammen noch sechs Kurzfilme (darunter sinnigerweise ein Film mit dem Titel »Beim Nervenarzt«, in dem Liesl Karlstadt jedoch nicht den Patienten, sondern den Nervenarzt spielt) und zwei Langfilme (»Straßenmusik« und »Donner, Blitz und Sonnenschein«). Außerdem absolvieren sie weitere Gastspiele in Berlin.

1937

finden nur noch Auftritte auf der Kleinkunstbühne »Benz« in München-Schwabing statt, wobei der Inhaber Benz oftmals die Rolle von Liesl Karlstadt übernimmt. Am 2. 10. 1937 sind Karl Valentin und Liesl Karlstadt zum ersten Mal im Radio zu hören.

1938

befindet sich Liesl Karlstadt wieder in nervenärztlicher Behandlung, und Karl Valentin spielt mit Benz anstelle von ihr weiter auf dessen Kleinkunstbühne. Im Dezember bestreiten Karl Valentin und Liesl Karlstadt ein letztes gemeinsames Gastspiel in Berlin.

1939

kommt es zur endgültigen Trennung in der Zusammenarbeit von Karl Valentin und Liesl Karlstadt.

Karl Valentin eröffnet in München die »Ritterspelunke«,
eine Mischung aus Kabarett, Kellerkneipe und dem erfolglos gebliebenen »Panoptikum«. Er selbst, inzwischen 57
Jahre alt, spielt dort täglich mit einer neuen, 21-jährigen
Partnerin namens Anne-Marie Fischer (mit der er auch
ein privates Verhältnis hat) sein neues Bühnenstück »Ritter Unkenstein«. Vereinzelt gastiert Karl Valentin alleine
auch im Gärtnerplatztheater und spielt dort unter anderem den Gefängniswärter Frosch in der Operette »Die
Fledermaus«.

1940

gibt es nur noch wenige Auftritte Karl Valentins außerhalb
der »Ritterspelunke«, so unter anderem wieder als Frosch
in der »Fledermaus«-Aufführung im Münchner Gärtnerplatztheater. Nachdem sich im Sommer mit den ersten
Luftangriffen der Krieg auch in München bemerkbar
gemacht hat, wird von Karl Valentin die »Ritterspelunke«
geschlossen.

»Es ist eine Schand', wir dean daheim Kasperl spielen
und draußen verliern die Leut eahna Lebn. Schluß is – aus
is – ich kann nicht mehr – wann da Krieg vorbei ist, dann
spieln ma wieder«,

soll Karl Valentin spontan bei der letzten Vorstellung
gesagt haben.

Es gibt bis 1947 fast keine öffentlichen Auftritte von
Karl Valentin mehr. Allerdings macht er – nun wieder
zusammen mit Liesl Karlstadt – von 1940 bis Januar 1941
rund 30 Rundfunk- und Schallplattenaufnahmen, da-

runter die »Semmelnknödeln«, »Die Fremden« und den »Buchbinder Wanninger«.

1941

zieht Karl Valentin mit seiner Familie in sein Haus nach Planegg bei München. Er lebt dort von seinen letzten übrig gebliebenen wenigen Ersparnissen sowie von kleinen Schreiner- und Drechselarbeiten für die Nachbarschaft. Im Übrigen verfasst Karl Valentin immer noch Texte, die allerdings nicht mehr von seinem unnachahmlichen Humor, sondern von Verbitterung und Depression über die »jetzige Lage« geprägt sind – und die bot nun wirklich wenig Anlass zum Humor.

1941–1943

verdingt sich Liesl Karlstadt bei den Gebirgsjägern in Ehrwald/Tirol als »Obergefreiter Gustav« und ist dort für die Pflege der Mulis der Gebirgsjäger zuständig. Gleichzeitig hat sie aber immer noch einzelne Auftritte in München. Sie nennt dies später die glücklichste Zeit in ihrem Leben.

Karl Valentin schreibt ab Februar 1942 monatlich Artikel für die Militärzeitung »Münchner Feldpost«, die erstaunlicherweise abgedruckt werden, obwohl Karl Valentin darin nun ganz und gar nicht zum »Endsieg« ermuntert. Damit verdient Karl Valentin ganze 75 Reichsmark pro Monat. Der Karl-Valentin-Biograf Michael Schulte schrieb dazu in seiner 1982 erschienenen Valentin-Biografie:

»Valentins Beiträge sind in zweierlei Hinsicht bemerkenswert: einerseits bewies er Mut, diese Arbeiten, in denen er aus seiner pazifistischen Gesinnung nicht den geringsten Hehl machte, überhaupt einzusenden. Andererseits ist es erstaunlich, dass sie auch veröffentlicht wurden.«

1944

lässt sich Karl Valentin wieder einmal, wie schon zu Beginn seiner Karriere, als »lebende Karikatur« fotografieren: sein nackter rappeldürrer Körper, lediglich mit einer lächerlichen gestreiften Badehose bekleidet, mit einem Papierhelm auf dem Kopf und einem Holzschwert in der Hand – eine wahrhaft jämmerliche Figur. Für diese Fotos verfasst er die Bildunterschriften »Das letzte Aufgebot« und »Auf zum Endsieg«. Diese Bilder verschickte er auch zur Veröffentlichung, was der Adressat jedoch in richtiger Erkenntnis der Brisanz dieser Fotos unterlassen hat.

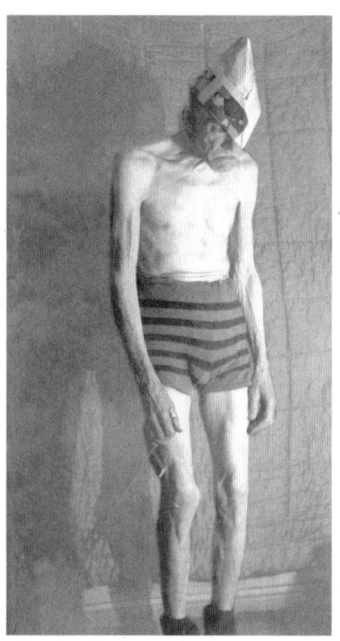 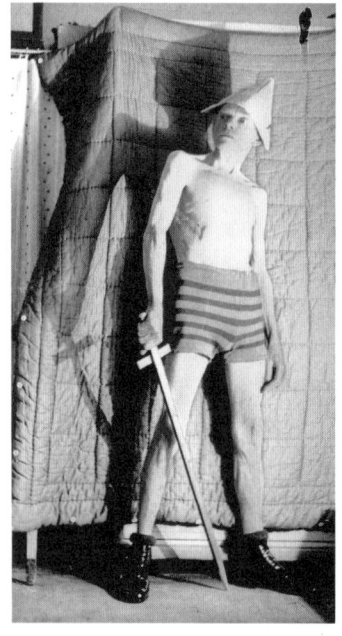

Links »Das letzte Aufgebot« und rechts »Auf zum Endsieg«
Karl Valentin als lebende Karikatur (1944)

Andernfalls hätte dann wohl auch Karl Valentins Popularität ihn nicht mehr vor einer Haftstrafe wegen »Wehrkraftzersetzung« und staatsfeindlicher Äußerungen, wie es damals hieß, bewahrt.

1946

bekommt Karl Valentin nach vielen vergeblichen Anläufen schließlich Gelegenheit zu Auftritten in einer Sendereihe, die den Titel »Es dreht sich um Karl Valentin« trägt und von Radio München unter der Mitarbeit von Kurt Wilhelm initiiert wird. Es kommt jedoch zu massiven Hörerprotesten, da die Münchner Karl Valentin mit seinen neuen Texten über Krieg, Hungersnot, die Atombombe und Weltuntergang so nicht mehr hören wollen:

»Aufhören – schickt's den Depp'n hoam«, heißt es in den Hörerreaktionen auf die Valentin-Sendungen. So

Karl Valentin (1946)

wird die Sendereihe nach der fünften Folge abgesetzt, und Münchens berühmtester Humorist wird wegen Humorlosigkeit entlassen.

1947

kommt es im Oktober und Dezember wieder zu gemeinsamen Auftritten von Karl Valentin und Liesl Karlstadt. In der geschlossenen Silvesterveranstaltung des Münchner Künstlerlokals »Simplizissimus«, kurz »Simpl« genannt, hat das legendäre Künstlerpaar vor 250 geladenen illustren Gästen (von Erich Kästner über Lale Andersen bis hin zum bekannten Kritiker der Süddeutschen Zeitung, Gunter Groll) die Schlussnummer. Um auch dabei sein und Karl Valentin erleben zu können, hat der damals noch ziemlich unbekannte junge Schauspieler Gerd Fröbe vier gut bezahlte Silvesterengagements ausgeschlagen. Er will die Gelegenheit wahrnehmen, um festzustellen, was der große Schauspieler Erich Ponto mit seinem Satz »Fröbe ist ein junger Valentin« gemeint hatte. Gerd Fröbe hat mit seinem Auftritt einen Riesenerfolg und wird vom Publikum frenetisch gefeiert. Es verlangt von ihm Zugaben, die Fröbe jedoch ablehnt unter dem Hinweis, das alte Jahr solle doch mit Karl Valentin ausklingen, einem Künstler, den er noch nie gesehen habe und auf den er sich sehr freue. So geschah es dann auch. Gerd Fröbe berichtet später darüber:

»Er war unvergleichlich … seine Pointen ließ er so nebenher fallen, als wisse er nicht, dass es welche waren. Von der Bühnenseite aus habe ich ihn und die Liesl Karlstadt beobachtet. Es war so großartig, was die Beiden machten, dass ich nur einen Wunsch hatte, mit diesen bei-

Liesl Karlstadt als Kapellmeister in dem Theaterstück
»Orchesterprobe« und Portrait (um 1925) als Fotomontage

Karl Valentin (1946)

den einzigartigen Kollegen das erste Glas im neuen Jahr, das in wenigen Minuten begann, zu trinken.«

So kam es dann auch, und Gerd Fröbe berichtet weiter von seinem denkwürdigen ersten und einzigen Zusammentreffen mit Karl Valentin und Liesl Karlstadt sowie von der Ermunterung Valentins an den jungen angehenden Komiker weiterzumachen – an seiner Stelle. Auf Fröbes Einwand, das könne er nicht, er sei doch kein Bayer, bekommt er von Karl Valentin die für ihn verblüffende Antwort: »I ja a net«, und weiter:

»Ob Du ein Bayer bist, is wurscht. Hauptsach a Narr bist. Und Du bist doch a Narr!«

Diese Aussage von Karl Valentin wird von Gerd Fröbe als eine Art Ritterschlag empfunden (zitiert nach Gerd Fröbe: »Auf ein Neues, sagte er ... und dabei fiel ihm das Alte ein. Geschichten aus meinem Leben«, 1988).

1948

im Januar folgen weitere Auftritte, gemeinsam mit Liesl Karlstadt im »Simpl« und im »Bunten Würfel«, zuletzt am 31. 1. 1948. An diesem Abend wird er aus Versehen nach dem Ende der Vorstellung eingeschlossen und muss die Nacht in der ungeheizten Garderobe – nur mit ein paar Kostümteilen zugedeckt – verbringen. Davon erholt sich der körperlich völlig geschwächte und seit Monaten kränkelnde Karl Valentin nicht mehr. Er stirbt am 9. 2. 1948 im Alter von 65 Jahren in seinem Haus in Planegg – es ist Rosenmontag. Beerdigt wird er auf dem Waldfriedhof in Planegg am Aschermittwoch – ohne offizielle Anteilnahme seiner Heimatstadt München. Überliefert ist jedoch das Beiwohnen des heutigen Papstes Benedikt des XVI., der als junger Student an der Theologischen Fakultät in München zu Valentins Beerdigung nach Planegg pilgert, um dem von ihm hoch geschätzten Künstler die letzte Ehre zu erweisen. Auf den Vorhalt seines Studienfreundes Georg Lohmeier, Karl Valentin sei doch evangelisch, erwidert der damalige katholische Theologiestudent Joseph Ratzinger, ein so großer Humorist stehe doch über den Konfessionen. Wie es heißt, verehrt er Karl Valentin bis zum heutigen Tag und zitiert oft seine Sprüche.

Als Anekdote wird von dem Versprecher des Pfarrers beim Gebet des Psalmverses berichtet:

>>*Der Herr behüte dich,*
der Herr ist dein Schatten über deiner rechten Hand,
dass dich des Tags der Mond nicht steche,
noch die Sonne des Nachts.<<

Von seiner jahrzehntelangen Partnerin sowohl auf der Bühne als auch im Leben hatte sich Karl Valentin – wohl schon in der Vorahnung seines baldigen Todes – einige Wochen zuvor mit einem letzten Gedicht verabschiedet:

>>*An Liesl Karlstadt*

Wer da je geliebt hat, wie ich Dich
der trägt solche Liebe innerlich
als Geheimnis seiner tiefen Seele
daß sie ihm an keinem Orte fehle.

Daß sie ihm an keinem Orte fehle,
trägt er sie in seiner tiefen Seele
ewig wird sie ihm Gefährtin sein
und so ist er nirgends ganz allein.<<

Karl Valentin

Karl Valentin und Liesl Karlstadt (1947)

1953

muss Karl Valentins Witwe den gegenständlichen Nachlass verkaufen, um zu überleben. Da die Stadt München dafür kein Geld aufbringen kann und will, wird der Nachlass von einem Sammler, dem Kölner Theaterwissenschaftler Professor Carl Niessen, für 7000 Mark erworben und geht nach Köln. Die Witwe und die Tochter Bertl können sich aber das Valentin-Häusl in Planegg erhalten, wo die Valentin-Familie heute noch lebt.

Liesl Karlstadt gelingt eine Solokarriere als beliebte Schauspielerin an verschiedenen Münchner Theatern, beim Bayerischen Rundfunk und auch im Film.

1960

stirbt Liesl Karlstadt mit 68 Jahren in Garmisch.

Gunter Fette, München 2011

Karl Valentins Ehefrau Gisela in den 30er Jahren

Karl Valentins Tochter Bertl Böheim mit deren Tochter und Enkelin Karl Valentins Anneliese Kühn

Zum Wohl! – Gesundheit! – Helf Gott!

Karl Valentin

Gar ned krank is a ned g'sund

Ein Erste-Hilfe-Lesebuch

Piper Taschenbuch, 192 Seiten
Herausgegeben von Gunter Fette,
Mit 22 Abbildungen
€ 9,99 [D], € 10,30 [A]*
ISBN 978-3-492-27225-4

Karl Valentin ist nicht nur ein genialer Wortakrobat – er ist auch einer der bedeutendsten deutschen Autoren des Grotesken und Absurden. In seinen besten Monologen und Szenen zum Thema Gesundheit entpuppt er sich überdies als ausgemachter Hypochonder, der ständig vermeintliche Krankheitssymptome und Leiden an sich feststellt und sich dabei in gewohnter Manier selbst parodiert. Ein wunderbar witziges Geschenkbuch für alle Valentin-Fans und solche, die es noch werden wollen.

PIPER

Leseproben, E-Books und mehr unter www.piper.de

Ja, i werd wohl wissen, was i red!

Von A wie Anfang bis Z wie Zufall.

»Die Zukunft war früher auch besser.«

Karl Valentin

Das Beste von Karl Valentin

Mit 7 Abbildungen

Piper Taschenbuch, 400 Seiten
Herausgegeben von Elisabeth Veit,
Mit 7 Abbildungen
€ 10,99 [D], € 11,30 [A]*
ISBN 978-3-492-23392-7

Karl Valentin – das ist die Erklärung, warum man zum Autofahren eine Impfung braucht oder warum ein Aquarium keine Wände aus Draht haben darf. Obwohl der begnadete Humorist schon mehr als ein halbes Jahrhundert tot ist, haben seine Dialoge und Reden, seine Lieder und Couplets nichts von ihrer Anziehungskraft verloren. Funkelnd schöner Widersinn nicht nur für Karl-Valentin-Fans.

PIPER

Leseproben, E-Books und mehr unter **www.piper.de**

Die wunderbar komische Vorlage zum Film.

Heinrich Spoerl

Die Feuerzangen-
bowle

Eine Lausbüberei in der Kleinstadt
Roman

Piper Taschenbuch, 160 Seiten
€ 8,99 [D], € 9,30 [A]*
ISBN 978-3-492-24975-1

In geselliger Runde bei einer Feuerzangenbowle beschließt der erfolgreiche Schriftsteller Dr. Hans Pfeiffer, entgangene Schulerlebnisse nachzuholen. Lavendelsalz und Zigarren, mondäne Freundin und Mercedes bleiben in Berlin zurück. Als Oberprimaner Pfeiffer nimmt er sich ein möbliertes Zimmer, geht ins Babenberger Gymnasium und wird zum Helden zahlreicher berühmter Lausbubenstreiche.

PIPER

Leseproben, E-Books und mehr unter www.piper.de